WanderSpass im
Winter-Wunderland

D1731074

Phillipe Cruz

WanderSpass im Winter-Wunderland

Unterwegs auf gepfadeten Wegen

EDITION LAN

Über Nacht ist Neuschnee gefallen
Schweizer Winterland

Wenn leise der Winter kommt und die Sonne sich nur zaghaft über die Berggipfel traut, der frische Schnee unter den Schuhen knirscht und sich eine tiefe Ruhe niederlegt, dann verliert die Schweizer Bergwelt kein bisschen von ihrem reizvollen Gemüt. Jetzt ist der ideale Zeitpunkt gekommen, um die frisch verschneite Winter-Wunderwelt zu Fuss zu erkunden.

Foto: Ronald Gohl

4

Winterziele im Schnee

Schon vor Jahrzehnten entdeckten viele Schweizerinnen und Schweizer den Winter als faszinierende Wandersaison. Wenn im Flachland wochenlang eine dicke Nebeldecke auf die Gemüter drückt, begrüsst in den Bergen strahlend blauer Himmel mit bester Fernsicht die Besucher. Wunderschöne Winterwanderwege – ob durch verschneite Tannenwälder oder in sonniger Höhe – lassen die Herzen der Spaziergänger höher schlagen. Der Trend, im Winter zu wandern, zeigt nach oben, und die meisten Ferienorte halten ein attraktives Angebot mit unzähligen Kilometern gepfadeten Wegen bereit. Einige in diesem Buch vorgestellte Strecken eignen sich vorzüglich zur Mitnahme des Schlittens. Dadurch ergeben sich reizvolle Kombinationsmöglichkeiten, wie beispielsweise der Aufstieg zu Fuss mit anschliessender Schlittelpartie ins Tal. Viele Wanderwege werden von den Tourismusorten so angelegt, dass Familien mit kleinen Kindern und ältere Leute nicht überfordert sind.

Wer eine Wanderung im Winter unternimmt, sollte auf warme Kleidung und gutes, wasserdichtes Schuhwerk achten. Die Sperrgebiete bei Lawinengefahr sind unbedingt zu beachten. Für weiterführende Informationen über den Zustand der Wege sollte man sich an die örtlichen Tourismusvereine wenden, die meist auch Prospekte für Winterwanderer bereithalten.

Auf gut gespurten Wegen traumhafte Winterziele entdecken – z. B. den Alpweiler Hengstboden oberhalb von Elm.

5

Engadin Scuol

Mit dem Römisch-Irischen Bad, seiner Wellness- und Saunalandschaft, hat sich Scuol im Unterengadin zu einer attraktiven Feriendestination entwickelt, die seit der Eröffnung des Vereina-Bahntunnels viel näher an die übrige Schweiz gerückt ist. Scuol mit seiner unvergleichlichen Landschaft und dem historischen Dorfkern ist im Winter ein beliebtes Ferien- und Wandergebiet.

Scuol (1250 m ü. M.) ist der Hauptort im Unterengadin und besteht aus zwei gut erhaltenen, alten Dorfkernen.

Mit dem InterRegio bis Landquart, von dort aus mit dem RegioExpress der RhB direkt bis Scuol.

Auf der A3 Zürich–Chur bis Ausfahrt Landquart. Weiter durchs Prättigau bis Klosters. Autoverlad im Vereinatunnel. Von Sagliains in 20 Minuten bis Scuol.

Die Gondelbahn Motta Naluns steht im Winter von Mitte Dezember bis April in Betrieb.

Von Motta Naluns in ca. 40 min bis Natèas, für die Talwanderung nach Ftan benötigen wir nochmals 1 h.

Berggasthaus Motta Naluns; direkt an unserem Wanderweg liegt die Berghütte Prui.

www.sbb.ch (Fahrplan)
www.rhb.ch (Vereinatunnel)
www.scuol.ch
Engadin/Scuol Tourismus
Tel. 081 861 22 22

Trutzig erhebt sich über dem Dorf Scuol das mittelalterliche Schloss Tarasp.

Mitte: Zwischenstopp bei der Berghütte Prui. Unten: Alle Alpen halten einen Winterschlaf.

Fotos: Ronald Gohl

Vom Panoramaweg Motta Naluns–Prui–Natèas bietet sich ein ausgezeichneter Rundblick auf die umliegende Bergwelt.

Bollwerk der rätoromanischen Sprachkultur

Das Engadiner Dorf Scuol weist einige sonderbare Eigenheiten auf. So sprudelt überall aus den Dorfbrunnen kohlesäurehaltiges Mineralwasser (Flaschen zum Abfüllen mitnehmen ...) und das örtliche Gesetz schreibt vor, dass alle Firmenschilder rätoromanisch beschriftet sein müssen. So liest man vom «Cuafför» und «Restorant». Scuol gilt als Bollwerk der rätoromanischen Sprachkultur. Der historische Dorfkern, den man bequem und kostenlos mit dem Sportbus vom Bahnhof aus erreicht, zieht jedes Jahr viele Besucher an. Auch wir sollten nach der Wanderung einen Abstecher nach Scuol Sot (dem unteren Dorfteil) unternehmen.

Höhenweg Motta Naluns – Ftan

Seit 1956 erschliessen die Bergbahnen Motta Naluns Scuol-Ftan-Sent AG die Hänge der gleichnamigen Skiregion. 16 Bahnen führen von 1300 m ü. M. bis in eine Höhe von 2800 m ü. M. Doch nicht nur Skifahrer sind angesprochen, unter den Fahrgästen befinden sich auch etliche Wanderer und Schlittler. Auf Motta Naluns (2146 m ü. M.) angekommen, können wir uns unterhalb der Bergstation einen Liegestuhl mieten und den Blick in die zerklüfteten Unterengadiner Dolomiten geniessen. Nachdem wir etwas Sonne getankt haben, wenden wir uns dem Panoramaweg zu, der über die Hänge von Naluns nach Prui, der gemütlichen Berghütte, und bis zur Bergstation der Sesselbahn bei Natèas führt. Das Gebiet kann für sich in Anspruch nehmen, eine der sonnigsten Regionen der Schweiz zu sein. Eindrückliche Zahlen beweisen dies, werden doch nur knapp 1,4 Nebeltage und eine durchschnittliche Niederschlagsmenge von 65 Zentimeter pro Jahr gemessen. Auch für die Sonnenanbeter ist gesorgt. An jeder Ruhebank ist ein klei-

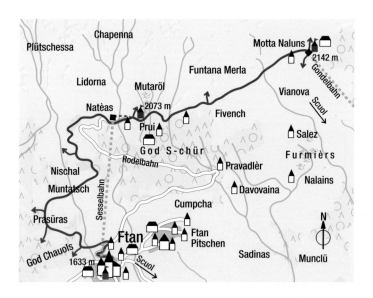

ner Besen angekettet, so dass man nach Neuschnee die Sitzfläche reinigen kann. Steigungen gibt es unterwegs keine, der breite Weg neigt sich so schwach talwärts, dass man den Höhenunterschied von gerade 78 Meter kaum spürt.

Bei Natèas haben wir die Wahl. Wir können entweder mit der Sesselbahn nach Ftan fahren, mit einem Schlitten über die Rodelbahn ins Tal brausen oder gemütlich zu Fuss über den Winterweg nach Ftan wandern. Dabei gehts allerdings 440 Meter bergab. Achtung: ca. 100 Meter vor der Bergstation der Sesselbahn links abzweigen, unterhalb der Bahn rechts halten, ein kurzes Stück der Skipiste folgen, danach gehts wieder auf dem Weg weiter (nicht aus Versehen als Spaziergänger die Rodelbahn benützen). Einmal auf dem richtigen Weg, können wir im Winter bis Ftan nicht mehr falsch gehen. Zurück nach Scuol gelangen wir vom Dorfplatz in Ftan mit dem Postauto.

tipp:

Hotel Engiadina

Obwohl sich die Reisezeit nach Scuol seit der Eröffnung des Vereinatunnels halbiert hat, ist die Übernachtung in Scuol eine Überlegung wert. Nicht wegen der langen Reisezeit, sondern weil Scuol mit zahlreichen weiteren Winterwanderwegen, dem Bogn Engiadina Scuol und den historischen Sehenswürdigkeiten viel zu bieten hat.

Mitten im historischen Dorfkern von Scuol liegt das romantische Hotel Engiadina. Die Zimmer und Suiten sind mit Arvenholz und Arvenmöbeln eingerichtet und ver-

Oben: Viele wandern mit dem Schlitten.
Mitte: Historischer Dorfkern von Scuol.

Im Unterengadiner Dorf Ftan angekommen,
wartet auf dem Dorfplatz das Postauto.

fügen über sehr schöne, neue Badezimmer. Das Nichtraucherhotel besticht durch seine geschmackvollen Details, selbst das Restaurant ist mit seiner Arvenstube ein richtiges Bijou. 50 Meter vom Hotel gibts noch eine Dependance mit grosszügigen Suiten.

Hotel Engiadina
Familie Barbüda-Giston
Rablüzza 152 , 7550 Scuol
Tel. 081 864 14 21
www.hotel-engiadina.ch

Oberengadin St. Moritz

Der erste St. Moritzer Hotelier, Johannes Badrutt, lockte an Weihnachten 1864 vier Engländer mit einer Wette ins winterliche Bergdorf. Würde es ihnen bei Schnee und Sonne gefallen, sollten sie den ganzen Winter bleiben, andernfalls würde Badrutt ihre Reisespesen ersetzen. Die Engländer blieben und nach ihnen kamen unzählige weitere Gäste, die es sich leisten konnten.

 St. Moritz (1882 m ü. M.) liegt in der Oberengadiner Seenlandschaft, eine der schönsten Bergregionen der Welt.

 Von Chur fährt der Schnellzug der Rhätischen Bahn (RhB) direkt nach St. Moritz, von dort aus weiter mit dem Engadin-Bus nach Sils.

 Von Chur via Tiefencastel, Julierpass und Silvaplana nach St. Moritz. Das grosse Parkhaus beim Bahnhof benützen.

 Von ca. Mitte November bis Mitte April. Die Wege auf den zugefrorenen Seen sind nicht immer geöffnet.

 Heidihütte: 1 h 45 min
Val Fex: 2 h 30 min
Alp Prasüra: 1 h 20 min

 Restaurant Salastrains oberhalb St. Moritz, Bergbeizlis im Val Fex, «Kuhstall» auf Alp Prasüra.

 www.sbb.ch (Fahrplan)
www.engadin.stmoritz.ch
Engadin Ferien, St. Moritz
Tel. 081 830 00 01

Ein gemütlicher Winterspazierweg führt rund um den St. Moritzer See.

*Mitte: Abstecher auf die Corviglia.
Unten: Wanderer und Langläufer bei Sils.*

Fotos: Ronald Gohl (S. 10 Mitte),

Besonders romantisch ist der Waldweg zur Halbinsel Chastè bei Sils-Baselgia, nachdem über Nacht Schnee gefallen ist und am Morgen die Sonne scheint.

Ein erstklassiges Hochtal

Seit der Wette von Johannes Badrutt mit den Engländern hat sich viel und auch nicht viel geändert. Die Sonne scheint immer noch überdurchschnittlich oft, der Schnee liegt reichlich und die Oberengadiner Landschaft fasziniert wie eh und je. Aus dem kleinen Bergdorf ist jedoch eine internationale Tourismusdestination herangewachsen, welche die «Crème-de-la-Crème» bewirtet. Hochadel, Schauspieler, Sänger und seit jüngster Zeit auch immer mehr russische Oligarchen (Superreiche) zählen zu den Stammgästen in St. Moritz und tragen damit zur legendären, prikelnden Champagnerluft bei. Nebst Nerz und Juwelen sind im Oberengadin aber auch ganz gewöhnliche Winterwanderer willkommen. Für sie werden im Oberengadin rund 150 Kilometer Wege gepfadet.

Heidihütte St. Moritz

Seit dem 25. Januar 1973 versieht die Signal-Bahn ihren Zubringerdienst zwischen St. Moritz-Bad und den Skipisten der Corviglia. Auch Fussgänger überwinden mit der Luftseilbahn mühelos einige hundert Höhenmeter. Bei der Bergstation auf 2120 m ü. M. angekommen, haben wir die Wahl, entweder nach Südwesten zur 2180 Meter hoch gelegenen Paradieshütte zu wandern, oder wir marschieren in der Gegenrichtung nach Salastrains. Dort geniessen

11

tipp:

Hotel Post, Sils

Sils, das zauberhafte Engadiner Dorf zwischen zwei Seen, wo einst berühmte Musiker, Schriftsteller und Philosophen wie Friedrich Nietzsche, Hermann Hesse, Richard Wagner, Albert Einstein und viele andere logierten, bietet sich für eine Übernachtung geradezu an. Mitten im schönen Dorfkern von Sils-Maria liegt das Hotel Post – komplett renoviert und gediegen ausgebaut. Wenn wir die Réception betreten, fühlen wir uns sofort wohl und in erholsame Ferienstimmung versetzt. Zu unserem unvergesslichen Aufenthalt tragen die stilvoll

Oben: Minus 20 Grad Celsius am Innufer.
Mitte: Die Schlitteda findet im Januar statt.

Verschneites Sils – der Ortskern mit seinen alten Häusern ist verkehrsberuhigt.

eingerichteten Zimmer in verschiedenen Grössen, die liebevoll zubereiteten Menüs für Feinschmecker sowie die freundliche Stimmung im ganzen Haus bei. Die antiken Arvenholz-«Stüva's» und das knisternde Cheminéefeuer tragen auch zu dieser stimmigen Ambiance bei.

Hotel Post
Familie Theres und Hanspeter Nett
7514 Sils-Maria
Tel. 081 838 44 44
www.hotelpostsils.ch

wir im Restaurant das Mittagessen und zweigen anschliessend scharf nach rechts auf den Weg zur Heidihütte ab. Dort angekommen, könnten wir über den Schellen-Ursli-Weg hinunter nach St. Moritz absteigen. Wir bleiben noch etwas in der Höhe und wandern über Alpina zum Hotel Suvrettahaus, von wo aus wir mit dem Bus zurück nach St. Moritz-Dorf fahren.

Val Fex

Die Wanderung ins Fextal beginnt mitten im autofreien Dörfchen Sils mit einem Höhepunkt. Kaum haben wir die letzten Häuser hinter uns gelassen, befinden wir uns in einer grossartigen Schlucht. Der Weg durch die Eintiefung der Fedacla wird auch im Winter unterhalten, er windet sich nach ungefähr einem Kilometer in zwei Spitzkehren hinauf zur sonnigen Hochebene von Platta. Wir spazieren weiter bis zum 1951 Meter hoch gelegenen Weiler Crasta mit seinem romantischen Bergkirchlein aus dem 16. Jahrhundert. Vom Hotel folgen wir der Fahrstrasse nach Curtins, hier verkehren auch Pferdeschlitten zurück nach Sils.

Alp Prasüra

Ausgangspunkt unserer dritten Wanderung im Oberengadin ist die Talstation der Lufsteilbahn Furtschellas, die wir mit dem Engadin-Bus erreichen. Der Weg führt in weit ausladenden Spitzkehren durch den verschneiten Arven- und Lärchenwald bergauf. Nach einer halben Stunde wird die Prasüra-Skipiste überquert und nach einer weiteren langezogenen Schleife entdecken wir den «Kuhstall» auf der Alp Prasüra. Hier sonnt und räkelt man sich in den Liegestühlen, während die fleissigen Hüttengeister Feines aus dem Inneren hervorzaubern. Zurück nach Sils wandern wir auf dem gleichen Weg – oder besser, wir brausen mit dem eigenen Kufenschlitten hinunter, was die Wanderzeit um 20 Minuten verkürzt.

Bernina Pontresina

Puntraschigna, wie die Rätoromanen sagen, liegt eingebettet in die majestätischen, ewig weisshäuptigen Bergriesen des Berninamassivs. Die kunstvoll mit Sgraffito verzierten Bürger- und Bauernhäuser entstanden nach dem Dorfbrand von 1718. Sehenswert ist die um 1200 erbaute Kirche Santa Maria, sie befindet sich etwas oberhalb des Dorfes.

 Pontresina (1800 m ü. M.) ist ein Feriendorf zum Wohlfühlen – weniger mondän als das benachbarte St. Moritz.

 Mit der Rhätischen Bahn von Chur nach Samedan, weiter mit dem Regionalzug nach Pontresina.

 Von Chur via Julierpass ins Oberengadin, weiter über St. Moritz nach Pontresina. Parkplätze beim Bahnhof sowie grosses Parkhaus unterhalb des Dorfes.

 Die Wintersaison beginnt in Pontresina Mitte Dezember und dauert meist bis Anfang oder Mitte April.

 Val Roseg: 2 h (Hinfahrt mit dem Pferdeomnibus) Morteratsch: 2 h Stazerwald: 1 h 30 min

 Gemütliche Restaurants an allen Wegen: Hotel Roseggletscher, Morteratsch und Stazerwald.

 www.sbb.ch (Fahrplan) www.pontresina.com Pontresina Tourismus Tel. 081 838 83 00

Wanderweg ins Val Roseg, das nur zu Fuss und mit dem Pferdeschlitten zu erreichen ist.

Mitte: Rückfahrt Morteratsch–Pontresina. Unten: Nächtlich beleuchtetes Pontresina.

Eine stille und wunderschöne Wanderung führt von St. Moritz durch den verschneiten Stazerwald ins Nachbardorf Pontresina.

Ein königliches Dorf

Pontresina ist die Heimat von Gian Marchet Colani (1772–1837), dem König der Bernina. Zwischen seinem 14. und 65. Lebensjahr soll die Jägerlegende angeblich 2700 Gämsen, mehrere Bären, Wölfe und sogar Adler erlegt haben. Im Buch «Der König der Bernina» machte ihn der Schweizer Schriftsteller Jakob Christroph Heer zum Titelhelden. Somit ist Pontresina, wo Colani auf dem Friedhof der Kirche Santa Maria begraben liegt, auch ein königliches Dorf. Im Gegensatz zu St. Moritz steigen aber in Pontresina weniger gekrönte Häupter ab. Hier zählen vor allem die Landschaft und die vielen Wintersportmöglichkeiten. Es werden auch viele Kilometer attraktive Winterwanderwege unterhalten.

Val Roseg – Pontresina

Zu den Klassikern von Pontresina gehört ganz sicher das Val Roseg, wo seit vielen Jahrzehnten ein striktes Fahrverbot für sämtliche Motorfahrzeuge besteht. Weil die Wanderung bis zum Roseghotel und zurück fast vier Stunden dauert, kürzen wir eine Strecke mit einer Pferdeschlittenfahrt ab. Unseren Platz im Schlitten müssen wir allerdings am Vortag bei Luigi Costa, Tel. 081 842 60 57 reservieren. Unser Tipp: Der vielplätzige Pferdeomnibus (ebenfalls ein Schlitten) ist viel günstiger als ein Zweispänner. Die

Fahrt durch den verschneiten Winterwald dauert rund eine Stunde und ist für alle ein ganz besonderes Erlebnis. Nach einem Mittagessen im Hotel Roseggletscher wandern wir auf dem speziell für die Fussgänger angelegten Winterwanderweg zurück nach Pontresina. Mit etwas Glück können wir dabei Gämsen und Rehe beobachten, die sich im Winter bis weit ins Tal hinunter wagen.

Pontresina – Morteratsch

Eine völlig mühelose und praktisch ebene Wanderung beginnt beim Bahnhof Pontresina und führt zunächst leicht bergauf durch den Wald zum romantischen Bahnhöfchen Surovas. Von dort aus wandern wir eben und parallel zur Bahnlinie durch den Wald und über ausgedehnte Schneefelder nach Morteratsch. Zurück nach Pontresina gelangen wir mit dem roten Zug der Rhätischen Bahn.

Pontresina – Stazerwald – St. Moritz

Wie das Val Roseg gilt auch der Stazerwald als Klassiker unter den Wanderbegeisterten. Auch im Winter werden die beliebten Wege gepfadet. Unsere Wanderung beginnt hinter dem Bahnhof, wo wir zunächst dem Waldrand entlang Richtung Nordwesten marschieren. Nach ungefähr einem Kilometer zweigt der Weg links in den Wald und führt uns zum Restaurant Stazersee. Vom See sehen wir im Winter leider nichts, denn er bleibt unter einer dicken Eis- und Schneedecke verborgen. Nach dem Mittagessen setzen wir unseren Fussmarsch über Dimlej zum St. Moritzer See fort. Nach der Ankunft beim Bahnhof in St. Moritz fahren wir mit der Rhätischen Bahn in wenigen Minuten zurück nach Pontresina.

Eine weitere Wandermöglichkeit bietet sich hoch oben auf Muottas Muragl, wo der so genannte Philosophenweg angelegt wurde. Das herrliche Panorama auf 2453 m ü. M. ist atemberaubend!

*Oben: Andächtige Stille bei der Friedhofs-
kirche Santa Maria in Pontresina.*

*Auf Muottas Muragl erwartet die Wanderer
einige Kilometer gepfadete Wege.*

tipp:

Hotel La Collina, Pontresina

Die Fahrt ins Oberengadin ist lang
und die Rückreise am gleichen Tag
wäre stressig. Aus diesem Grund
bietet sich die Übernachtung im
winterlichen Pontresina an – und
aus einer einzigen Nacht wird
leicht eine ganze Ferienwoche,
denn das Angebot an Winterwanderwegen, Freizeit- und Unter-
haltungsmöglichkeiten ist riesig.
Zu den Wohlfühloasen Pontresinas
gehört auch das Hotel La Collina.
Es befindet sich am Rand des Dorfzentrums, wenige Schritte von der
Haltestelle des Engadin-Bus entfernt. Wie ein Schlösschen thornt

das romantische Hotel hoch über
dem Dorf Pontresina. Geboten
werden 42 Betten in individuell
ausgestatteten Zimmern mit allem
Komfort, ein stimmungsvolles
Hotelrestaurant, ein gemütliches
Spezialitätenrestaurant mit europä-
ischen und Thai-Gerichten sowie
eine Bar.

Hotel La Collina
7504 Pontresina
Tel. 081 838 85 85
www.collina.ch

Das Bündner Feriendorf Klosters hat in den letzten 30 Jahren einen grossen Aufschwung erlebt. Seit Klosters zusammen mit Davos als Feriendestination im In- und Ausland wirbt, sind die Hotelbetten zur Hochsaison häufig ausgebucht. Der internationale Jetset macht hier genauso Station wie Herr und Frau Schweizer, die ruhige Winterwanderwege dem Pistentrubel bevorzugen.

Klosters (1191 m ü. M.) liegt im Bündner Prättigau und gilt längst nicht mehr als «Vorort des Weltkurorts Davos».

In Landquart steigen wir vom Intercity der SBB in den kleinen roten Zug der Rhätischen Bahn (RhB) um.

Auf der A13 bis Ausfahrt Landquart, weiter durchs Prättigau nach Davos. Die Parkmöglichkeiten sind allerdings beschränkt. Alternative: Park+Ride beim Bahnhof in Landquart.

Um die Kirche aus dem Jahre 1493 gruppieren sich alte Dorfhäuser im Walserstil.

Saison ab Anfang Dezember bis Mitte April. Die Wege werden nach Schneefällen innert einem Tag geräumt.

Nach Garfiun und zurück benötigen wir 3 h, Saaser Alp – Zügenhüttli und zurück ca. 2 h.

Mitte: Luftseilbahn auf den Gotschnagrat. Unten: Romantische Häuser im Bündner Stil.

Viele gemütliche Berghütten, zum Beispiel auf der Alp Garfiun, auf der Saaser Alp oder das Zügenhüttli.

www.sbb.ch (Fahrplan)
www.klosters.ch
Davos Klosters Tourismus
Tel. 081 410 20 20

An einem kalten Wintermorgen präsentiert sich das Dorf Klosters frisch verschneit – ein erlebnisreicher Ski- oder Wandertag kann beginnen.

Klare Bergluft, heimelige Häuser

Im November, wenn der Winter mit Schnee und Kälte in das Klosters des 19. Jahrhunderts einzog, lagen die wenigen Häuser in völliger Abgeschiedenheit und Stille im zugeschneiten Talboden. Die armen Bergbauernfamilien bereiteten sich auf die langen Winterabende vor. Wer heute nach Klosters fährt, kann sich diese Zeit kaum mehr vorstellen. Der Fremdenverkehr machte den international bekannten Ferien- und Skiort zu dem, was er heute ist. In der winterlich klaren Bergluft scheint es, als rücken die heimeligen Bündner Häuser und Hotels näher zusammen und strahlen eine einladende Wärme aus. Bars und Dancings sorgen für frohe Unterhaltung in den Abendstunden. Sportliche Veranstaltungen und kulturelle Anlässe bieten Kurzweil und Abwechslung.

Klosters – Alp Garfiun – Klosters

Ein weitverzweigtes Netz von Spazierwegen wird all jenen angeboten, die das sonnige Klosters auf Schusters Rappen entdecken möchten. Unseren ersten Spaziergang unternehmen wir entlang der Landquart in ein grossartiges, im hinteren Abschnitt weitgehend unberührtes Gebirgstal. Ausgangspunkt ist der Bahnhof Klosters-Platz. Stationen dieses Bummels sind Aeuja, der Weiler Monbiel und die drei Alpen Schwendi, Pardenn und Garfiun. Die

tipp:

Hotel Steinbock, Klosters

Im Gegensatz zu Davos, das wegen seinen klotzigen Bauten eher an eine Vorstadt erinnert, ist die Bergwelt in Klosters noch intakt. Walserhäuser und heimelige Hotels mit viel Holz prägen den Prättigauer Ferienort auf 1200 m ü. M. Im Hotel Steinbock mit seinen sonnigen Balkonen, den mit viel Holz gestalteten Zimmern und der hervorragenden Küche können wir uns als Gast verwöhnen lassen.

Das Viersternehotel im Chalet Stil besticht durch die Verwendung von einheimischen Hölzern, die den Restaurants und Zimmern jene

Behaglichkeit verleihen, die man sich als Gast wünscht. Jedes Zimmer im Bündnerstil verfügt nebst dem üblichen Komfort über eine Sitzecke, Internet-Anschluss und teilweise sogar Kamin. Hier kommt man gerne wieder!

Hotel Steinbock
Landstrasse 146, 7250 Klosters
Tel. 081 422 45 45
www.steinbock-klosters.ch

Schneeparadies Prättigau mit Blick Richtung Vereina und Alp Garfiun.

Beliebtes Winterwanderwegnetz: Rund 45 km werden in Klosters gepfadet.

kaum spürbare Steigung zwischen Klosters-Platz und der Alp Garfiun beträgt 182 Meter. Mit etwas Glück erspähen wir im Wald ein Eichhörnchen oder möglicherweise gar ein grösseres Wild, denn im Winter steigen Gämsen und Hirsche auf Futtersuche oft bis in den Talboden hinunter. Wer keine Tiere entdeckt, tröstet sich mit dem Anblick der Alp Garfiun, dort wurde vor einiger Zeit eine Alphütte in ein einfaches, aber gemütliches Hüttenbeizli um-

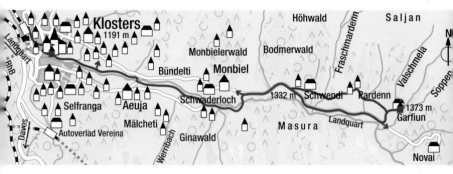

gewandelt; eine grosse Terrasse lädt zum Verweilen ein. Zurück nach Klosters wandern wir zunächst auf dem oberen, später auf dem gleichen Weg. Wer schon etwas müde ist, kann von Monbiel aus mit dem Ortsbus nach Klosters zurückfahren.

Saaser Alp – Zügenhüttli – Saaser Alp

Nur wenige Schritte vom RhB-Bahnhof Klosters-Dorf hat die kürzlich modernisierte Madrisa-Gondelbahn ihre Talstation. Die stille Fahrt über die verschneiten Tannenwipfel ist ein besonderes Erlebnis. Von der Bergstation (1887 m ü. M.) wandern wir über die Saaser Alp zum 2063 Meter hoch gelegenen Zügenhüttli. Die anfänglich etwas anstrengende Steigung durchblutet den Kreislauf. Später schlendern wir auf einem kaum merklich ansteigenden Panoramaweg an unser Ziel, die Bergstation des Skliftes Zügenhüttli. Nach einer warmen Mahlzeit und einem willkommenen Sonnenbad gehts auf dem gleichen Weg zurück zur Bergstation der Gondelbahn, wo wir im Restaurant Albeina unseren Durst löschen können.

Arosa

Die Gebirgsstrasse mit 355 Kurven von Chur nach Arosa ist bei winterlichen Verhältnissen wohl nicht jedermanns Sache – viel bequemer ist die Anreise mit der Bahn, dabei können wir erst noch die grandiose Aussicht ins Schanfigg-Tal geniessen. In Arosa angekommen, sind wir von der Gebirgslandschaft und den zahlreichen Möglichkeiten für Winterwanderer begeistert.

 Auf 1739 m ü. M. liegt Arosa, das ehemalige Alpdörfchen am Ende eines urtümlichen Tals.

 Mit dem IC von Zürich nach Chur, weiter mit der Rhätischen Bahn in einer Stunde nach Arosa.

 Auf der A3 Zürich–Chur bis Ausfahrt Chur-Nord, weiter durch die Stadt und über die kurvenreiche Strasse nach Arosa. Parkhaus am Ortseingang.

 Weil Arosa als sehr schneesicher gilt, werden die Winterwanderwege meist ab Anfang Dezember bis Mitte April gepfadet.

 Arlenwaldweg: 2 h
Tschuggenhütte: 1 h
Arosa – Litzirüti: 1 h 30 min

 Zahlreiche Ski- und Wanderhütten: Prätschli, Tschuggen, Carmenna, Alpenblick.

 www.sbb.ch (Fahrplan)
www.arosa.ch
Arosa Tourismus
Tel. 081 378 70 20

Schlittengespanne gehören seit vielen Jahrzehnten zum Bild von Arosa.

*Mitte: Arosa – schneesicher, kalt und sonnig.
Unten: Aussichtsreicher Höhenweg.*

Foto: Ronald Gohl (Seiten 24/25)

Das Bergkirchli von Arosa ist nicht nur das Wahrzeichen des Dorfes – es zeugt auch von einer Zeit, als es hier noch keinen Tourismus gab.

Einst 56 Einwohner – heute Überflieger

Vielleicht hat sich der eine oder andere Gast schon einmal gefragt, warum die Leute im Schanfigg und in Arosa kein Rätoromanisch sprechen. Die Antwort finden wir im Mittelalter, als sich einige Walliser Siedler, sogenannte Walser, sich in Arosa niederliessen. Noch in der Mitte des 19. Jahrhunderts lebten bloss 56 Einwohner in dem abgeschiedenen Alpdörfchen. Die touristische Entwicklung setzte in den Zwanzigerjahren des 20. Jahrhunderts rasant ein. Heute zählt Arosa mit seinen 2400 Einwohnern zu den bedeutendsten Winter- und Sommerferienorten der Schweiz – ein richtiger Überflieger! Für die Spaziergänger wird im Winter ein Wegnetz von über 35 Kilometern unterhalten. Sämtliche Bergrestaurants und Hütten sind zu Fuss erreichbar.

Arlenwaldweg

Mit dem Gratisbus gelangen in Arosa auch Wanderer bequem an den Ausgangspunkt ihrer Tour. Den Aufstieg bis zum Hotel Prätschli (174 Meter Höhenunterschied) können wir uns so ersparen. Erst dort marschieren wir auf einem schön angelegten Weg über die Maraner Alp und den eindrücklichen Arlenwald zur Mittelstation der Weisshornbahn (107 Höhenmeter bergauf). Weiter gehts über die Sattelalp bis zur Abzweigung Carmenna-

Der im Winter zugefrorene und frisch verschneite Obersee erwartet uns als Erster
nach dem Aussteigen am Bahnhof.

hütte. Ein kleiner Abstecher dorthin lohnt sich, denn mit dem Charme der Carmennahütte hat Arosa ein Stück Skigeschichte geschrieben. Zurück zur Abzweigung gelangen wir auf dem gleichen Weg, weiter wandern wir über das Restaurant Alpenblick nach Innerarosa. Dort steigen wir in den Bus zum Bahnhof.

Tschuggenhütte

Mit der Weisshornbahn fahren wir in wenigen Minuten über die Waldgrenze hinaus zur Mittelstation. Wir spazieren die ersten hundert Meter auf dem Arlenwaldweg in Richtung Süden, biegen kurz vor den Alphäusern ab (Wegweiser beachten), überqueren die Skipiste und gelangen auf einem leicht abfallenden Weg zur

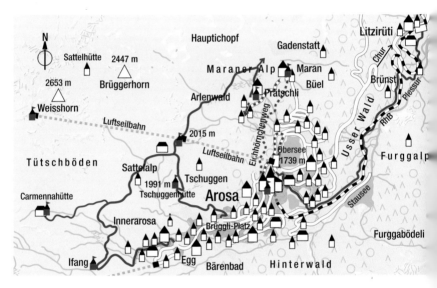

Tschuggenhütte. Unser Ziel ist Innerarosa: Über das Grandhotel Tschuggen kommen wir zur Sonnenbergstrasse, dort zweigen wir nach Süden ab und erreichen die nächste Bushaltestelle beim Brüggli-Platz.

Arosa – Litzirüti

Unser Weg nach Litzirüti führt entlang des Trassees der Rhätischen Bahn durch den Usser Wald. Unterwegs werden wir sicher dem roten Bähnchen begegnen – ein willkommener Schnappschuss mit unserer Kamera. Bei Brünst kürzen wir die Kehre der Rhätischen Bahn ab und erreichen den hübschen Holzbahnhof von Litzirüti.

tipp:

Die Arosabahn

Der Erfolg Arosas als Tourismus-destination ist eng mit der im Jahre 1914 eröffneten Chur–Arosa-Bahn verknüpft. Das rote Bähnchen ist durch sein legendäres Kurvenquit-schen bekannt geworden. Seit den Neunzigerjahren wird moderneres Rollmaterial eingesetzt, so dass die Fahrt etwas ruhiger geworden ist. Gleichzeitig wurde die Strecke von ursprünglich 2400 Volt Gleichstrom auf 11 000 Volt Wechselstrom um-gestellt. Damit konnten die auf dem übrigen Netz der Rhätischen Bahn (RhB) verkehrenden Lokomotiven auch in Arosa eingesetzt werden.

Auf unserem Weg über den «Alpenblick» begegnen wir auch Pferdeschlitten.

Der Arlenwald oberhalb von Maran zählt zu den schönsten Wäldern Graubündens.

Heute fahren mehr als die Hälfte der Gäste mit der Bahn nach Arosa (nicht zuletzt wegen der kurvenrei-chen und engen Strasse). Damit er-reicht Arosa einen Nutzungsgrad der öffentlichen Verkehrsmittel, von dem andere Tourismusorte nur träumen können. Doch die Fahrt mit der Bahn schont nicht nur die Umwelt und entspannt – besonders eindrucksvoll sind die Aussicht auf die urtümliche Landschaft sowie die zahlreichen Tunnels und Viadukte.

Lenzerheide-Valbella

Zwischen Churwalden im Norden und Lantsch im Süden liegt eine ungefähr zwölf Kilometer lange Hochebene. Die helle, offene Landschaft mit dem Heidsee ist nicht nur für die Churer ein beliebtes Naherholungsgebiet. Das Dorf Lenzerheide-Valbella ist vor allem eine Feriendestination für internationale Gäste – entsprechend gross ist auch das Wanderwegnetz.

 Die Lenzerheide auf 1476 m ü. M. bettet sich in ein Hochtal und wird von den Bergen der Rothorn- und Scalottas-Kette begrenzt.

 Mit dem Postauto fahren wir vom Bahnhof in Chur direkt bis nach Valbella oder Lenzerheide.

 Auf der A3 Zürich–Chur bis Ausfahrt Chur-Süd, weiter der Beschilderung folgend über Churwalden nach Lenzerheide. Parkplätze bei der Rothornbahn.

 Die Wintersaison in Lenzerheide-Valbella dauert von ca. Mitte Dezember bis Ende März.

 Tgantieni – Valbella: 1 h
Valbella – Lenzerheide: 1 h
Valbella – Crest ota – Lenzerheide: 2 h 30 min

 Bergrestaurants auf Tgantieni, Spoina und Crest ota. Gemütliches Fischbeizli auf dem Seedamm.

 www.sbb.ch (Fahrplan)
www.lenzerheide.ch
Lenzerheide Tourismus
Tel. 081 385 11 20

Ein Winterwanderweg führt von Lenzerheide in das im Süden gelegene Muldain.

Mitte: Neue Ferienhäuser im Bündner Stil.
Unten: Die Sonne – allgegenwärtig.

Lenzerheide bietet seinen Feriengästen ein ausgedehntes Netz an landschaftlich schön gelegenen und gepflegten Winterwanderwegen.

Viele Kilometer Wald- und Höhenwege

155 Kilometer Skipisten und 80 Kilometer Winterwanderwege soll es im langgestreckten Hochtal von Lenzerheide geben – der ideale Ort für einen schönen Wintertag oder einen längeren Ferienaufenthalt. Die Gäste haben die Möglichkeit im Hauptort Lenzerheide mit seinen zahlreichen Einkaufsmöglichkeiten, in einem typischen Bündner Dorf wie Parpan, Lantsch/Lenz oder der hübschen Ferienhaussiedlung Valbella zu logieren.

Tgantieni – Spoina – Valbella

Mit dem Gratis-Sportbus lassen wir uns von der Postautohaltestelle im Dorzentrum Lenzerheide zur Talstation der Scalotts-Sesselbahn bei Val Sporz chauffieren. Anschliessend fahren wir mit der ersten Sektion bis zur Mittelstation Tgantieni. Unsere Wanderung beginnt mit einem kleinen Aufstieg. Der Weg führt zunächst nach Süden leicht bergauf und nach einer Spitzkehre unter der zweiten Sesselbahnsektion hindurch. Von nun an gehts nur noch geradeaus und bergab auf einem wunderschönen Höhenweg über Cresta zum Bergrestaurant Spoina. Nach einer Stärkung auf der Sonnenterrasse folgen wir dem Weg nach Valbella. Er führt uns an Millionärsvillen vorbei zur Post in Valbella. Wer noch mag, schliesst die zweite Wanderung über den Heidsee nach Lenzerheide an.

tipp:

Lain, Muldain, Zorten

Südlich der Lenzerheide erreichen wir über eine schmale Nebenstrasse die drei typischen Bündner Dörfer Lain, Muldain und Zorten. Noch vor Jahren waren die drei Dörfchen fest in der Hand der einheimischen Bergbevölkerung. Doch in den letzten Jahren hat auch hier der Zweitwohnungsbau begonnen. Weil Lain, Muldain und Zorten an einem nach Süden exponierten Sonnenhang liegen, eignen sie sich nicht zum Skifahren. Aus diesem Grund schmilzt der Schnee hier am schnellsten, so dass sich die Hänge in den letzten Jahren schon im

Oben: Der Wanderweg- und Loipenservice.
Mitte: Höhenweg Tgantieni–Valbella.

Dank der winterlichen Kälte hält sich der Neuschnee auch auf diesem Laubbaum.

Januar häufig völlig schneelos wie im Frühling präsentieren, während in Lenzerheide-Valbella noch tiefster Winter herrscht. Eine Wanderung führt von Lain über das Bergrestaurant Sporz und den Cresta-Weg in rund eineinhalb Stunden vom Frühling in den Winter. Zielort unserer Wanderung ist die Haltestelle des Gratis-Sportbusses bei der Talstation der Scalottas-Sesselbahn.

Valbella – Heidsee – Lenzerheide

Im Mittelpunkt unserer nächsten Wanderung in Lenzerheide-Valbella steht der Heidsee. Dort, wo sich im Sommer Wasserratten tummeln, erstreckt sich im Winter ein grosse, weisse Fläche. Ausgangspunkt unseres leichten Spazier-gangs ist die Postauto-haltestelle Canols. Wir folgen ein kurzes Stück der Hauptstrasse und biegen kurz vor dem See rechts in einen Quartierweg ein, der uns hinunter zum Langlaufzentrum mit Kiosk und Imbissbude bringt. Hier entscheiden wir uns, ob wir links dem Ufer folgen wollen oder rechts quer über den zugefrorenen See wandern. Wir entscheiden uns für die Weite auf der Schnee- und Eisfläche des Heidsees und erreichen auf die-sem Weg den Seedamm. Wir könnten links zum Fischbeizli ab-zweigen oder unseren Weg durch den Wald Richtung Lenzerheide fortsetzen. Das letzte Stück führt parallel zur Autostrasse. Unser Ziel ist die Post im Dorfzentrum.

Valbella – Crest ota – Lenzerheide

Von der Post in Valbella marschieren wir auf der Hauptstrasse eini-ge hundert Meter bis zur «Passhöhe» zurück. Dort biegen wir rechts ab und steigen zunächst über Schneefelder und später durch dichten Fichtenwald in Richtung Scharmoin hinauf. Wich-tig: Erst bei der dritten Wegverzweigung halten wir uns rechts. Nach einem angenehmen Abstieg erreichen wir das Berghaus Crest ota, wo Speis und Trank angeboten wird. Weiter gehts durch den Wald und über verschneite Lichtungen hinunter nach Lenzerheide.

Eine Weisse Arena und
100 Kilometer Winterwanderwege **7**

Flims-Laax-Falera

Schon lange vor der Zeit, als sich überall im Land die Tourismusorte zu sogenannten Destinationen zusammengeschlossen haben, vereinigten sich die
drei Bündner Dörfer Flims, Laax und Falera zur«Weissen Arena» mit einem
gemeinsamen Markenauftritt. Dies hat sich bis heute bewährt, vor allem
auch, weil die Region ihren Wintergästen überdurchschnittlich viel bietet.

 Flims, Laax und Falera liegen auf rund 1100 m ü. M.
in der Bündner Surselva
hoch über der Vorderrhein-
schlucht Ruinaulta.

 Vom Busbahnhof Chur ver-
kehren Postautos nach
Flims und Laax. Um nach
Falera zu gelangen, müs-
sen wir in Laax umsteigen.

 Auf der A3 Zürich–Chur bis
Ausfahrt Reichenau. Von
dort aus führt die Strasse
direkt nach Flims/Laax.

 Die Bergbahnen der Weis-
sen Arena stehen von An-
fang Dezember bis April in
Betrieb.

 Foppa – Fidaz: 1 h 30 min
Caumasee: 2 h 30 min
Falera – Laax: 1 h 30 min
Curnius – Falera: 1 h 30

 Bergrestaurants auf Foppa,
Curnius, Larnags und Hüt-
tenzauber nur für Fussgänger in Conn.

 www.sbb.ch (Fahrplan)
www.laax.com
Tourismusbüro Laax
Tel. 081 920 81 81

*Ein besonderes Erlebnis ist der Sonnenunter-
gang von Crap Sogn Gion.*

Mitte: Grosskabinenbahn Crap Sogn Gion.
Unten: Weites Wanderland bei Falera.

Foto: Ronald Gohl (S. 32 oben und Mitte)

Abwechslungsweise durch schöne Wälder und Lichtungen kommen wir zwischen Falera und Murschetg.

Grösstes Winterwanderwegnetz der Schweiz

Die Weisse Arena zählt zu den besten touristischen Resorts der Alpen. Laax steht für ein junges, dynamisches Publikum, wogegen Flims mehr auf Tradition Wert legt, und Falera kommt dem Dorfcharakter wohl am nächsten. Eines haben alle drei Orte gemeinsam, nämlich die umwerfend schöne Landschaft. Das Angebot der Superlative beschränkt sich nicht etwa nur auf die Pisten und Bergbahnen. Über 100 Kilometer Wanderwege unterhalten Flims, Laax und Falera, womit die Weisse Arena das grösste Winterwanderwegnetz der Schweiz anbieten kann.

Foppa – Fidaz

Im Dezember 1945 konnte zwischen Flims-Dorf und Foppa der erste Sessellift Europas eingeweiht werden, womit das Zeitalter des Wintersports in Flims begann. Vom alten Sessellift mit seinen Lärchenstamm-Masten ist heute allerdings nichts mehr zu sehen. Wenn wir von Flims nach Foppa zum Ausgangspunkt unserer Wanderung fahren, sitzen wir in einer gepolsterten 3er-Sesselbahn mit futuristischen Plexihauben. Direkt von der Bergstation Foppa wenden wir uns nach Osten, stets leicht abwärts führend über Spaligna, Prau Palusa und Scheia nach Fidaz (Postauto); ein abwechslungsreicher Weg mit interessanten Ausblicken.

Caumasee

Der Weg zum Caumasee beginnt direkt hinter der Post von Flims-Waldhaus. Wir wandern durch den Uaul Grond, einen auf hartgepressten Bergsturztrümmern liegenden Urwald, zu dem im Winter zugefrorenen See. Weiter kommen wir auf einem gut ausgeschilderten Waldweg nach Conn (Restaurant), von wo aus wir einen prächtigen Ausblick über die Rheinschlucht geniessen. Von Conn führen verschiedene Wege zurück nach Flims. Wir wählen jenen entlang der Via Stgira durch Rens nach Waldhaus.

Falera – Laax

Westlich von Laax, am Fusse des Crap Sogn Gion, liegt das Bergbauerndorf Falera auf einer etwa 150 Meter höheren Terrasse. Wer die urchige Gemütlichkeit und den direkten Einbezug in ein Dorfleben mag, findet hier das Richtige. Ausgangspunkt unserer Höhenwanderung nach Murschetg ist der Dorfplatz. Diesen erreichen wir mit dem Regionalbus von Laax aus. Am östlichen Dorfausgang beachten wir die Abzweigung von der Strasse. Auf dem Winterwanderweg marschieren wir über tiefverschneite Maiensässe und durch Waldpartien nach Ravaneins und ins Val Büglina. Von dort aus gelangen wir zum Restaurant Larnags und weiter zur Talstation Murschetg der Luftseilbahn Crap Sogn Gion.

Curnius – Falera

Bleiben wir doch noch etwas in Falera und fahren mit der 4er-Sesselbahn zur Bergstation Curnius auf 1644 m ü. M. Hier können wir uns in der Skihütte verpflegen und anschliessend haben wir die Wahl entweder mit dem Schlitten hinunter nach Falera oder auf einem separaten Weg gemütlich über die sonnigen Schneefelder ins Dorf hinunter zu schlendern.

Die rund zweistündige Wanderung Foppa–Fidaz führt über Prau Palusa.

Einsame Hütten, verschneite Wälder – auch Laax ist ein beliebtes Wanderziel.

tipp:

Höhenweg Masegn

Noch in den frühen Sechzigerjahren des letzten Jahrhunderts zählte man im armen Bergbauerndorf Laax lediglich 300 Einwohner, heute gehört das 1400-Seelendorf zu den reichsten und steuergünstigsten Gemeinden Graubündens. Einige mutige Investoren nutzten in Laax rechtzeitig die Chancen und bauten mit dem Tourismus einen prosperierenden Wirtschaftszweig auf. Eine der ersten und wichtigsten Einrichtungen war der Bau der riesigen Luftseilbahn von Murschetg über Crap Sogn Gion zu Crap Masegn, die noch heute in ihrer ur-

sprünglichen Form besteht. Fahren wir mit ihr zum Ausgangspunkt unserer Höhenwanderung auf Crap Masegn (2477 m ü. M.). Unser rund drei Kilometer langer Wanderweg führt parallel zur Luftseilbahn 249 Höhenmeter hinunter nach Crap Sogn Gion. Dabei haben wir ausgiebig Gelegenheit den Skifahrern und Snowboardern zuzuschauen. Das Panorama über die Surselva und die Gipfel des Safien- und Valsertals ist ein Hochgenuss.

Breil/Brigels

Hoch über dem im Winter meist schattigen Talboden der Bündner Surselva liegt auf einer Sonnenterrasse der Ferienort Breil/Brigels. Das Wintersportparadies ist bei Familien und Senioren sehr beliebt, denn statt Rambazamba gibts hier gemütliche Beizli, Skihütten, viel Ruhe, schöne Landschaften und 35 Kilometer gepflegte Winterwanderwege.

Breil/Brigels (1287 m ü. M.) liegt rund 500 Meter über dem Vorderrheintal auf einer Sonnenterrasse.

Mit der Rhätischen Bahn von Chur bis Tavanasa, von dort aus mit dem Postauto nach Breil/Brigels.

Auf der A13 Chur–Thusis bis Ausfahrt Reichenau. Weiter über Laax und Ilanz bis Tavanasa. Von dort aus auf kurvenreicher Strasse hinauf nach Brigels. Parkplätze bei der Sesselbahn.

Die Winterwanderwege werden in Brigels von ca. Mitte Dezember bis Ende März gepfadet.

Rundweg Val Frisal ca. 2 h – Talwanderung von Crest Falla über das Val Ladral nach Brigels ca. 2 h.

Die gemütliche Skihütte Burleun befindet sich oberhalb der Mittelstation Crest Falla.

www.sbb.ch (Fahrplan)
www.brigels.ch
Center Turistic Brigels
Tel. 081 941 13 31

Breil/Brigels liegt auf einer gegen Süden zu exponierten Sonnenterrasse.

Mitte: Urige alte Walserhäuser in Brigels.
Unten: Viel unberührte Natur am Dorfrand.

Foto: Ronald Gohl

Wir blicken über den im Winter zugefrorenen und mit Schnee bedeckten Lag da Breil zur Dorfkirche und den alten Walserhäusern.

Schneereiche Winter am Péz d'Artgas

Das Dorf Brigels (Rätoromanisch: Breil) war einst ein armes Bergbauerndorf, wo die Jugend in der Ferne ihr Glück suchen musste. Heute braucht in Brigels niemand mehr ins Tal abzuwandern. Die moderne Gemeinde mit rund 1300 Einwohnern bietet beste Infrastruktur und zahlreiche attraktive Arbeitsplätze. Wesentlich zum Aufschwung hat sicher der Wintertourismus beigetragen. Die touristische Erschliessung der schönen und schneereichen Skigebiete am Péz d'Artgas liess das Bergdorf in den vergangenen 20 Jahren zu einem beliebten Wintersportort heranwachsen. Aber auch Schlittler, Skilangläufer und nicht zuletzt Winterwanderer fühlen sich in Brigels wohl.

Rundweg Val Frisal

Auffallend viele und schöne alte Holzhäuser zieren das Dorfbild von Brigels, rund herum wurde sorgfältig im Bündner Stil gebaut. Wir beginnen unsere Rundwanderung bei der Post, von wo aus wir zunächst durchs Dorf gehen, vor der Kirche rechts abzweigen und dann hinunter zum modernen Brunnen gelangen. Bei der Kreuzung gehts geradeaus weiter bis zum nördlichen Dorfrand bei Starflems. Hier beginnt die Steigung ins Val Frisal. Wir lassen Brigels hinter uns und sind alsbald nur noch von stillen und tief

tipp:

Hotel La Val

Mit dem Gütesiegel «Familien willkommen» bietet Brigels ausgezeichnete Ferieneigenschaften für Eltern und Kinder. Im gemütlichen Bergdorf lohnt es sich zu bleiben, denn hier gibt es weit mehr zu sehen und zu erleben als dies an einem Tagesausflug möglich ist.
Das Familien- und Golfhotel La Val bietet schön eingerichtete Zimmer mit Aussicht auf die Berge, alle mit sonnigem Balkon. Das Hotel ist gut zu Fuss in wenigen Minuten von der Postautohaltestelle zu erreichen. Die 30 Hotelzimmer sind auf zwei Gebäude verteilt. Nebst knis-

Oben: Ruhebänke am Rundweg Val Frisal.
Mitte: Winterweg auf dem Lag da Breil.

Mehrere Bergkapellen und Kirchen in Brigels zeugen von der Frömmigkeit der Bergler.

terndem Kaminfeuer im Foyer gibts auch Hallenbad, Sauna, Dampfbad sowie ein Kinderspielzimmer, Poolbillard und einen Automaten-Spielraum. Gäste mit Halbpension erwarten feine, abwechslungsreiche 4-Gang-Wahlmenues.

Hotel La Val
Familie Knapinski-Cathomen
7165 Brigels
Tel. 081 929 26 26
www.laval.ch

verschneiten Tannenwäldern umgeben. Ganz so weit dringen wir allerdings nicht ins stille Tal vor, unterhalb der Alp Stiarls weist uns eine Spitzkehre wieder nach Süden, zunächst durch den Wald bis zum Aussichtspunkt Cuolms da Ruins auf 1411 m ü. M. Nachdem wir ein Blick in die Surselva und hinunter ins Val Cuschina geworfen haben, beginnen wir unseren Abstieg, zunächst durch den Wald, später über Schneefelder und vorbei an Chalets zur Kapelle

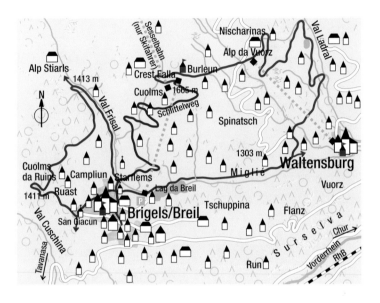

San Giacun. Es bleibt der Rückweg über die Dorfstrasse zur Post von Brigels.

Crest Falla – Val Ladral – Brigels

Unsere zweite Winterwanderung beginnt bei der Mittelstation Crest Falla auf 1665 m ü. M. Zunächst steigen wir wenige Höhenmeter hinauf zur Skihütte von Burleun, von dort aus führt ein Höhenweg über die Alp da Vuorz nach Nischarinas. Über zwei Spitzkehren steigen wir ins Val Ladral oberhalb von Waltensburg ab. Bei der Wegverzweigung eingangs Tal zweigen wir scharf nach rechts ab und wandern oberhalb von Waltensburg ins Hochtal von Miglié. Wir gehen weiter Richtung Westen und erreichen schliesslich die Talstation der Sesselbahn Brigels–Crest Falla. Zurück zur Post gelangen wir mit dem Sportbus oder wir spazieren in ca. 15 zusätzlichen Minuten über den See bis hinauf ins Dorfzentrum.

Disentis-Sedrun

Unverfälschte, authentische Bergnatur erwartet die Gäste in den beiden westlichsten Bündner Gemeinden Disentis und Sedrun (Tujetsch). Während Disentis auf eine reiche Geschichte mit dem 720 gegründeten Kloster zurückblicken kann, hat sich Sedrun als Bündner Berggemeinde mit heimeligen Chalets und einem grossen Sportangebot einen Namen gemacht.

 Der Bahnhof in Disentis liegt auf einer Höhe von 1130 m ü. M., jener in Sedrun auf 1441 m ü. M.

 Mit dem Intercity bis Chur, weiter mit der Rhätischen Bahn nach Disentis, von dort mit der Matterhorn-Gotthard-Bahn nach Sedrun.

 Auf der A3 Zürich–Chur bis Ausfahrt Reichenau. Von dort aus führt die Strasse über Laax, Ilanz und Disentis nach Sedrun.

 Die Bergbahnen in Sedrun sind je nach Schneelage von Ende November bis Anfang April in Betrieb.

 Senda Sursilvana Sedrun – Disentis: 2 h 30 min
Milez – Tschamut – Dieni – Sedrun: 2 h

 Unterwegs können wir uns in Segnas oberhalb Disentis, auf Milez sowie in Dieni verpflegen.

 www.sbb.ch (Fahrplan)
www.disentis-sedrun.ch
Sedrun Disentis Tourismus
Tel. 081 920 40 30

Ein Winterwanderweg führt rund um das zauberhafte Bergdorf Sedrun.

*Mitte: Milez – Ausgangspunkt für Wanderer.
Unten: Unser Weg führt auch nach Tschamut.*

Fotos: Sedrun Disentis Tourismus

Disentis ist nicht nur Klosterdorf, sondern auch ein Bergdorf am jungen Rhein, in welchem noch viel Wert auf Tradition gelegt wird.

Eine verschneite Traumlanschaft

Die Ferienregion Disentis-Sedrun ist für den Ansturm der Winterwanderer gewappnet, denn ein Wegnetz von 40 Kilometern durch die verschneite Traumlandschaft wird nach Schneefällen so rasch wie möglich präpariert. Natürlich sind nicht alle Wege gleichzeitig bereit, speziell nach starken Schneefällen wird der Gast um etwas Geduld gebeten. Eine spezielle Winterwanderkarte liegt in den beiden Tourismusbüros von Disentis und Sedrun für die Gäste auf. Speziell wird dabei auch auf die Wildruhezonen hingewiesen, wo sämtliche Aktivitäten durch Menschen untersagt sind.

Senda Sursilvana Sedrun – Disentis

Wir beginnen unsere Wanderung in Sedrun mit einem kleinen Abstieg vom Bahnhof zur Hauptstrasse hinunter. Dieser folgen wir ein kurzes Stück talauswärts, um Ausgangs Dorf in die Via Niregl/Curtin einzubiegen. An schönen Bündner Häusern vorbei, wandern wir leicht bergauf zum Gleis der MGB. Ein Weg bringt uns zum imposanten, 118 Meter langen Bugnei-Bahnviadukt, den wir auf einem angebauten Steg überqueren. Vielleicht lohnt es sich hier, die Vorbeifahrt des nächsten roten Zuges abzuwarten? Gleich nach der Brücke biegen wir rechts ab und folgen dem Wanderweg. Dieser führt in eine Quartierstrasse mit Einfamilienhäusern. Nach dem Bahnübergang folgen wir bei der Weggabelung rechts dem Kiesweg, der parallel zur Bahnlinie angelegt wurde. Wir spazieren nun alles ostwärts bis zum Weiler Mumpé Tujetsch. Nachdem wir den idyllischen Ort durchquert haben, folgt ein kleiner Abstieg mit Sicht auf Disentis, das Kloster und die gesamte Surselva. Unser Weg führt entlang der Senda Sursilvana, ein historischer Sommer-Weitwanderweg zwischen dem Oberalppass und Chur. Wir wandern parallel zur grossen Schleife der Bahn und

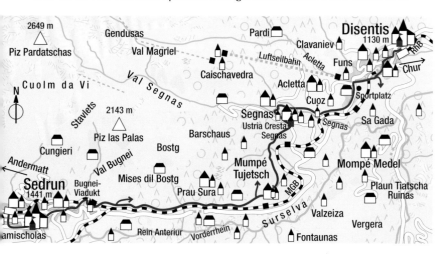

erreichen die Ustria Cresta Segnas, wo wir uns aufwärmen können. Danach nehmen wir die Via Sut Vitg und beachten den Wegweiser Richtung Disentis. Das Strässchen führt leicht bergauf bis zur Kirche, dort rechts. Rund 100 Meter nach dem Wildbach erneut rechts und dem Segnas-Bach folgend bergab bis zur Kapelle von Cuoz. Wenig später erreichen wir die Hauptstrasse. Dieser folgen wir nur kurz, denn nach dem Sportplatz gehts über einen Spazierweg entlang dem Acletta-Bach direkt zum Bahnhof.

Milez – Tschamut – Dieni – Sedrun

Wenige Schritte von der Station Dieni entfernt liegt die Talstation der Sesselbahn, welche das Skigebiet Sedrun-Oberalp erschliesst. Wir fahren bis zur Bergstation Milez (1878 m ü. M.), wo unser Abstieg durch den Wald nach Tschamut beginnt. Zurück nach Sedrun wandern wir zunächst auf der Oberalppassstrasse, die im Winter gesperrt ist, sowie anschliessend oberhalb der Strasse durch die schönen Chalet-Wohngebiete von Rueras zurück nach Sedrun.

Wer mag, kann seine eigene Spur stapfen, es stehen aber viele gepfadete Wege bereit.

Mitte: Unterwegs mit den Schneeschuhen.
Unten: Das Barockkloster Disentis.

tipp:

Hotel Cucagna

«Beinvegni» in der Ferienregion Disentis Sedrun. Hier wo der Rhein entspringt, da wo das Schöne durch Einfachheit besticht, Naturlandschaften ebenso unberührt sind wie die Menschen gastfreundlich, dass man versucht ist noch etwas zu verweilen …
Das Hotel Cucagna steht für unkomplizierte Hotelferien. Wir können in einem der 35 komfortabel eingerichteten Zimmern übernachten und es uns rundum gut gehen lassen. Es bietet uns kulinarische Genüsse in einem der drei Restaurants und einen zuvorkommenden

Service. Wir können auch das Allwetterbad (bis 34° C geheizt), eine Sauna oder die umfangreiche Hotelbibliothek benützen. Schlussendlich gehen wir an die gemütliche Bar mit täglicher Happy Hour und Après-Skiparty im Winter und lassen den Tag Revue passieren.

Hotel Cucagna
Fabian Schwarz
7180 Disentis
Tel. 081 929 55 55
www.cucagna.ch

Appenzell

Die beiden Kantone Appenzell Innerrhoden und Ausserrhoden zählen zu den flächenmässig kleinsten Kantonen der Schweiz mit der geringsten Bevölkerungsdichte. Traditionelle Werte werden hier sehr gross geschrieben und fast scheint die Welt im Appenzellerland mit der schönen, unverdorbenen Landschaft und der bodenständigen Bevölkerung noch heil zu sein.

 Der Hauptort Appenzell des Kantons Innerrhoden liegt auf 786 m ü. M. am Fusse des Alpsteingebirges.

 Mit dem IC Zürich–St. Gallen bis Herisau, weiter mit der Appenzeller Bahn über Urnäsch nach Appenzell.

 Auf der A1 Zürich–St. Gallen bis Ausfahrt Gossau. Weiter über Herisau, Urnäsch und Jakobsbad nach Appenzell. Parkplätze sind oft in Privatbesitz.

Das Dorf Urnäsch mit seinen stattlichen Häusern ist auch im Winter sehenswert.

 Die Schneesituation ist in den Tälern nicht stabil. Nur in höheren Lagen bleibt der Schnee liegen.

 Rundweg Schwägalp: 1 h, Jakobsbad – Gontenbad: 1 h 30 min, Weissbad – Appenzell: 1 h 30 min.

Mitte: Die Appenzeller Bahn bei Gonten. Unten: Der frisch vereiste Gipfel des Säntis.

 Einkehrmöglichkeiten auf der Schwägalp, im Restaurant Alpsteinblick sowie in Steinegg.

 www.sbb.ch (Fahrplan) www.appenzell.ch Appenzellerland Tourismus AI Tel. 071 788 96 41 Appenzellerland Tourismus AR Tel. 071 898 33 00

Auf der Schwägalp bietet sich uns ein kleiner, rund einstündiger Rundweg, der durch Lichtungen und den verschneiten Winterwald führt.

Eine hügelige Märchenlandschaft

Kennen Sie das Buebebloch, eine Alpstobete oder einen Betruf? Diesen und noch vielen weiteren Eigenheiten begegnen wir im Appenzellerland. Nun, das Buebebloch ist ein alter Volksbrauch, bei dem ein Baumstamm in einem bekränzten Wagen von Knaben durch die Region gezogen wird. Mit der Alpstobete meinen die Appenzeller eine typische Volksmusikveranstaltung mit Streichmusik, Jodeln und Tanz. Und der Betruf kommt als singender Ton daher, welcher durch einen Holztrichter erschallt und den Segen Gottes auf die Alp und das Land herabfleht.

Das Appenzellerland im Winter ist ein besonderer Genuss. Wenn das sanfte Hügelland mit seinen allein stehenden Gehöften unter einer dicken weissen Schneedecke verzaubert wird, bieten sich auch zahlreiche Ausflüge in die Märchenlandschaft.

Rundweg Schwägalp

Die Schwägalp ist vielen vom Sommer bekannt, denn ein Ausflug mit der Schwebebahn auf den Säntis gehört zum Pflichtprogramm eines jeden Schweizers. Wer hat gewusst, dass die Luftseilbahn auch im Winter fährt? Der tief mit Schnee bedeckte und vereiste Gipfel ist ein ganz besonderes Erlebnis. Anschliessend können wir zu einer knapp einstündigen Rundwanderung aufbrechen, die hin-

tipp:

Winter-Romantik auf dem Säntis

In der kalten Jahreszeit beschert uns das Wetter auf dem Säntis, dem höchsten Berg der Ostschweiz, unvergessliche Momente: von strahlender Wintersonne bis zum dramatischen Schneetreiben. Nebst sportlichen Tätigkeiten, wie Nordic Walking, Winterwandern, Schneeschuh-Laufen oder Schlitteln ist auch viel Romantik angesagt. Von Mitte November bis Ende März ist jeden Freitag- und Samstagabend nach dem Eindunkeln ein Rundweg mit Laternen beleuchtet. Er beginnt und endet direkt beim Berghotel Schwägalp und

Oben: Typische Appenzeller Bauernhäuser.
Mitte: Beliebte Winterwege im Appenzellerland

Dieses schöne Bauernhaus befindet sich in der Nähe des Skilifts Alpstein in Jakobsbad.

führt durch den NaturErlebnispark. Nach 45 Minuten Romantik pur, geniessen wir einen Glühwein, einen heissen Tee oder auch ein Fondue- oder Racletteplausch im Berghotel. Der Laternliweg ist ideal für Nordic Walker und eignet sich auch für einen Abend-Event für Firmen oder Vereine ausgezeichnet.

Säntis-Schwebebahn AG
Hotel, Gastronomie, Events
9107 Schwägalp
Tel. 071 365 65 65
www.saentisbahn.ch

ter der alten Seilbahnstation beginnt und über Lichtungen und den verschneiten Winterwald führt. Beim Parkplatz erreichen wir wieder unseren Ausgangspunkt. Jeden Freitag- und Samstagabend ist der Rundweg mit Laternen beleuchtet. Nach dem romantischen Spaziergang können wir uns im Berghotel Schwägalp bei Glühwein und einem Fondue aufwärmen.

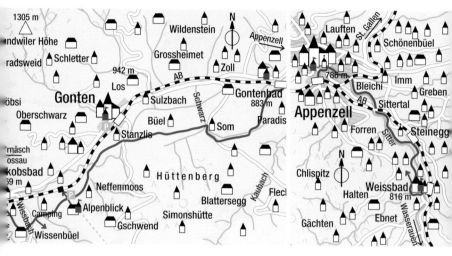

Jakobsbad – Gontenbad

Ausgangspunkt unserer zweiten Wanderung im Kanton Appenzell Innerrhoden ist die Bahnhaltestelle Jakobsbad. Hier könnten wir mit der Luftseilbahn zunächst einen Abstecher auf den Kronberg unternehmen, bevor wir zu unserem Spaziergang Richtung Osten aufbrechen. Dieser führt über das weite Hochtal zur Talstation des Skilifts Alpenblick. Gonten lassen wir links liegen und wandern dem Waldrand entlang bis Gontenbad, wo uns die Appenzeller Bahn zurück zum Ausgangspunkt bringt.

Weissbad – Appenzell

Unser dritter Tourenvorschlag führt uns wieder in den Kanton Appenzell Innerrhoden. Wir fahren mit der Appenzeller Bahn bis Weissbad und folgen dem Ufer der Sitter flussabwärts, zunächst auf der linken Seite, später rechtsufrig über das Dörfchen Steinegg bis zur Pfarrkirche St. Mauritius im Hauptort Appenzell. Ein Rundgang durchs Städtchen mit seinen farbigen Häusern ist der krönende Abschluss unserer Wanderung.

Obertoggenburg

Zwischen dem Säntis im Norden und den sieben Churfirsten im Süden, deren Gipfel wie die Zacken einer Säge in den Himmel ragen, erstreckt sich ein weisses Hochtal – das Obertoggenburg. Die Ferienregion ist nicht nur im nahen Zürich beliebt – viele Kilometer Pisten und ein grosses Netz an Winterwanderwegen locken auch Gäste aus dem grenznahen Ausland an.

 Wildhaus, der bekannteste Ferienort im Obertoggenburg liegt auf einer Höhe von 1098 m ü. M.

 Mit den SBB über Sargans nach Buchs, weiter mit dem Postauto bis Wildhaus – oder mit dem Voralpenexpress bis Wattwil und über Nesslau-Neu St. Johann ins Obertoggenburg.

Der Winter-Sagenweg im Obertoggenburg ist ein spannendes Erlebnis.

 A1, Ausfahrt Wil, weiter über Wattwil bis Alt St. Johann oder Wildhaus. Parkplätze bei den Bergbahnen.

 Die Winterwanderwege werden im Obertoggenburg von ca. Mitte Dezember bis Ende März gepfadet.

Oben: Unterwegs auf dem Klangweg.
Unten: Eiszapfen auf der Alp Sellamatt.

 Thurtalerstofel: 3 h
Oberdorf – Sellamatt: 2 h
Chüeboden: 3 h 30 min
Gamplüt – Wildhaus: 1 h

 Gemütliche Berg- und Skihütten auf Sellamatt, Iltios, Schwendi, Oberdorf und Gamplüt.

 www.sbb.ch (Fahrplan)
www.toggenburg.org
www.sellamatt.ch
Toggenburg Tourismus
Tel. 071 999 99 11

Der Klangweg ist zwar im Winter nicht offiziell geöffnet, dennoch kommen wir auf unserer Wanderung von der Alp Sellamatt nach Iltios an verschiedenen Posten vorbei.

Ein sanfter, landschaftsschonender Tourismus

Wildhaus, Unterwasser und Alt St. Johann – diese drei lieblichen Ostschweizer Dörfer stehen für ein familienfreundliches und behindertengerechtes Ferienparadies im Obertoggenburg. Die Region blieb glücklicherweise vom hektischen Wintersportrummel verschont, so dass hier ein sanfter, landschaftsschonender Tourismus gepriesen werden darf. Holzgeschindelte Bauernhöfe, Chalets und Familienhotels prägen das Bild in den drei Ferienorten.

Rundweg Thurtalerstofel

Ausgangspunkt unserer Winterwanderung auf Sellamatt ist das Obertoggenburger Dorf Alt St. Johann. Von hier aus bringt uns die Kombibahn (eine Mischung aus Sessellift und Gondelbahn) zur 1390 Meter hoch gelegenen Alp Sellamatt. Dort erwartet uns ein herrlicher Wanderweg am Fusse der Churfirsten zum Thurtalerstofel. Wir wandern auf dem Winter-Sagenweg und entdecken unterwegs zwölf Tafeln mit spannenden Geschichten. Wem die Tour zu lang erscheint, kann die Wanderung in Mittelstofel abkürzen.

Oberdorf – Sellamatt

Mit dem Sportbus gelangen wir von der Post in Wildhaus hinunter zur Talstation der Sesselbahn Oberdorf. Nachdem wir das Ticket

tipp:

Berggasthaus Sellamatt

Ausgangspunkt unserer ersten Wanderung im Obertoggenburg ist das Dorf Alt St. Johann, von wo aus die Kombibahn auf die Alp Sellamatt führt. Auf 1390 m ü. M. können wir in einem gemütlichen Berggasthaus übernachten, das wir auch als Stützpunkt für unsere Ferien im Obertoggenburg wählen können. Nirgendwo sonst ist es tagsüber betriebsamer und abends ruhiger als auf der abgelegenen Alp, die so bequem mit den Sesseln und Gondeln erreichbar ist. Wir haben die Wahl zwischen komfortablen Zimmern (Einzel oder Doppel) Fami-

Oben: Das Wahrzeichen sind die Churfirsten.
Mitte: Von Sellamatt zum Thurtalerstofel.

*Ob romantisch zu zweit oder mit der Familie – e
ist garantiert ein schönes Wintererlebnis.*

lienzimmern, Gruppenunterkunft im Matrazenlager oder dem Ferienhaus für Selbstversorger. Das Berghotel ist rollstuhlgängig und verfügt über einen Lift. Internet-Anschluss (W-Lan) im Bereich Empfang, Restaurant und Saal.

Berggasthaus Sellamatt
Familie Lötscher
9656 Alt St. Johann
Tel. 071 999 13 30
www.sellamatt.ch

gekauft haben, kann's auch schon losgehen. Im Nu überwindet die Bahn rund 200 Höhenmeter. Vom Oberdorf wandern wir zunächst über Hägis leicht bergab nach Schwendi. Das Strässchen endet in Espel, wo wir nun ein gutes Stück auf der Skipiste nach Iltios hochsteigen. Von dort aus spazieren wir auf einem breiten Höhenweg durch winterliche Tannenwälder nach Sellamatt. Unterwegs entdecken wir einige Spielstationen des Klangwegs. In Sellamatt

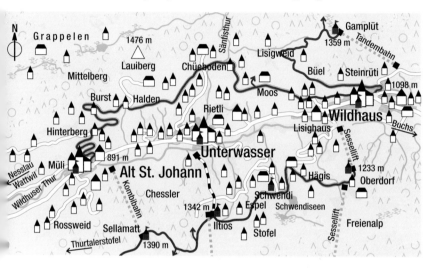

haben wir eine Stärkung verdient, bevor wir mit der Kombibahn hinunter nach Alt St. Johann fahren.

Wildhaus – Chüeboden – Alt St. Johann

Besonders beliebt ist auch der Panoramaweg von Wildhaus über Moos, Chüeboden und Halden nach Alt St. Johann. Wir beginnen unsere Wanderung bei der Kirche von Wildhaus (1098 m ü. M.) auf einem ebenen, autofreien Spazierweg in Richtung Westen. Bei Chüeboden überqueren wir die Säntisthur, es folgt die einzige spürbare Steigung von etwa 120 Höhenmetern. Dabei kommen wir kaum ins Schwitzen, denn bei Burst weist der Weg bereits wieder ins Tal nach Alt St. Johann hinunter. Der Abstieg gestaltet sich sehr angenehm und unser Ziel ist die Postautohaltestelle.

Der Ausgangspunkt für einen weiteren Winterwanderweg ist bei der Bergstation der Tandembahn Gamplüt. Diese Tour führt über Lisigweid und Büel nach Wildhaus hinunter.

Flumserberg

Der Flumserberg zählt zu den beliebtesten Ferienregionen der Schweiz. Dank den beiden Gondelbahnen konnte sich die Region als Winter- und Sommerferienort etablieren. Trotz zahlreicher Sesselbahnen, Skilifte und Ferienwohnungen ist der Flumserberg überschaubar geblieben. Zwei der beliebtesten Winterwanderwege führen von der Prodalp zum Tannenboden.

 Der Flumserberg (1000–2500 m ü. M.) liegt auf einer Sonnenterrasse hoch über dem Walensee (Kanton SG).

 Mit dem Interregio bis Ziegelbrücke, weiter mit dem Regionalzug bis Unterterzen und mit der Gondelbahn auf den Flumserberg. Von dort Postauto bis Tannenheim.

Bei Madils erreichen wir ein hübsch gelegenes Bergrestaurant, dahinter die Churfirsten.

 Auf der A3 Zürich–Chur bis Ausfahrt Murg. Weiter via Seestrasse bis Unterterzen. Parkplatz bei der Talstation der Gondelbahn.

 Die Prodalp-Gondelbahn verkehrt je nach Schneeverhältnisse von Anfang Dezember bis Mitte April.

 Beide Höhenwanderungen Prodalp – Tannenboden via Madils oder Chrüzhütte dauern je 1 h 30 min.

Mitte: Pistenfahrzeug auf der Prodalp.
Unten: Winterwanderweg bei Madils.

 Berggasthaus Prodalp, schön gelegene Berghütten auf Madils und Chrüz, Restaurants auf Tannenboden.

 www.sbb.ch (Fahrplan)
www.flumserberg.ch
Flumserberg Tourismus
Tel. 081 720 18 18

Foto: Ronald Gohl

Verschneites Winterwunderland auf dem Flumserberg. Der Neuschnee lädt zum Variantenfahren ein.

Grandioser Ausblick auf die Churfirsten

An schönen Wochenenden im Winter kann es durchaus vorkommen, dass motorisiert anreisende Besucher bereits in Flums abgefangen werden, um dort am Bahnhof zu parken und mit dem Gratis-Sportbus ins Schneeparadies zu fahren. Die Tourismusdestination ist gut organisiert, so dass sich niemand bei der Parkplatzsuche quälen muss. Der Flumserberg bietet 24 Kilometer präparierte Winterwanderwege, meist mit grandiosem Ausblick auf die Churfirsten, das gezackte Felsengebirge, das am Nordufer des Walensees steil in die Höhe ragt. Bei einem so grossen Angebot fällt die Auswahl natürlich nicht leicht.

Prodalp – Madils – Tannenboden

Wir entscheiden uns zunächst für den Höhenweg von der Prodalp über Madils zum Tannenboden, weil dieser leicht zu begehen ist und einen herrlichen Ausblick auf die Ostschweizer Bergwelt bietet. Von der Bergstation wandern wir in östlicher Richtung bis der Weg nach einem grossen Bogen in Richtung Tannenboden zurückführt und wir dabei das bunte Treiben der Skifahrer und Snöber auf der Piste beobachten können. Vorsicht ist beim Überqueren der Piste unterhalb eines Steilhangs geboten. Hinter der nächsten Kurve entdecken wir die Fortsetzung des Wanderwegs. Wir unterqueren die Gondelbahn und gleich darauf kreuzen wir den Schlittelweg. Es folgt ein idyllischer Spaziergang durch den Winterwald und schliesslich erreichen wir eine weite Hochebene, von wo aus wir einen besonders schönen Ausblick auf die Churfirsten haben. Beim Restaurant Sennästube können wir auf der Sonnenterrasse eine wärmende Suppe schlürfen. Nach der verdienten Stärkung wandern wir ein kurzes Stück nach Südwesten, um dann über ein

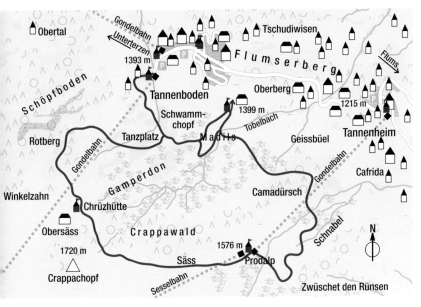

Hochmoor kurz aufzusteigen. Nach der Einmündung in den Winterwanderweg zur Chrüzhütte gehts nur noch bergab und wir erreichen nach wenigen Minuten Tannenboden.

Prodalp – Chrüzhütte – Tannenboden

Die Prodalp verdient einen weiteren Besuch, denn der Höhenweg über die Chrüzhütte nach Tannenboden ist ebenso schön. Zunächst gehts ein kleines Stück bergauf. Wir unterqueren die Sesselbahn und spazieren ebenwegs weiter über ausgedehnte Schneefelder bevor der kurze und steile Wegabschnitt durch den Winterwald zur Chrüzhütte folgt. Nach einer Stärkung in der gemütlichen Skihütte folgt der Abstieg (209 Höhenmeter) durch den aufgelockerten Wald von Gamperdon. Schliesslich erreichen wir nach einem herrlichen Tiefblick auf den Walensee Tannenboden.

tipp:

Schlittelweg
Prodalp – Tannenheim

Viel Fun und Action verspricht die Abfahrt von der Prodalp nach Tannenheim. Der Weg ist ausschliesslich für Schlittler reserviert, so dass wir so richtig den Fahrtwind um die Ohren sausen lassen können. Doch Vorsicht: Beim Schlitteln überschätzen sich viele Wintersportler und es gibt mehr Unfälle als man denkt. Aus diesem Grund sollte man auch beim Schlitteln immer so schnell fahren, dass man noch gut bremsen kann. Wir können den Schlittelplausch auch gut mit unserer Wanderung kombi-

Oben: Mit Holztafeln markierte Wege.
Mitte: Begegnung mit Schlittenhunden.

Diese Landschaft würde sich gut auf einer Weihnachtskarte machen ...

nieren. Auf der Prodalp lassen sich für 10 Franken plus 50 Franken Depot (Preise Stand 2008) Schlitten mieten. So machen wir eben die Gondelbahnfahrt zweimal und brechen erst nach der zweiten Bergfahrt zu unserer Wanderung nach Tannenheim auf.

Arvenbüel Amden

Norwegische Touristen könnten leicht dem Irrtum verfallen, beim Walensee handle es sich um einen Fjord. Den Ausgang zum Meer suchen sie allerdings vergeblich. Dafür finden sie hoch über dem langgestreckten, von hohen Bergen umrahmten See die Sonnenterrasse Amden und das noch höher gelegene Schneeparadies Arvenbüel – ein Kleinod von besonderer Güte.

Arvenbüel ist eine Chaletsiedlung mit guter Wintersport-Infrastruktur auf rund 1250 m ü. M.

Mit dem IC von Zürich nach Ziegelbrücke, weiter mit dem AWA-Bus via Amden bis Endstation Arvenbüel.

Auf der A3 Zürich–Chur bis Ausfahrt Weesen, von dort aus hinauf nach Amden und weiter bis Arvenbüel. Gebührenpflichtige Parkplätze.

Arvenbüel gilt als relativ schneesicher, wegen der Südhanglage kann die weisse Pracht aber auch mal knapp werden.

Vom leichten Rundweg über 40 min bis zur Bergtour von 3 h ist in Arvenbüel/Amden viel möglich.

An den meisten Wegen finden wir gemütliche Restaurants, z. B. die Alphütte Vordere Höhe auf 1537 m.

www.sbb.ch (Fahrplan)
www.amden.ch
Tourismus Amden-Weesen
Tel. 055 611 14 13
tourismus@amden.ch

Frische Spuren im Schnee: Über Nacht ist Neuschnee auf Arvenbüel gefallen.

. Mitte: Gut markierte Rundwege . Unten: Wintermärchen im Chaletdorf.

Fotos: Ronald Gohl, Tourismus Amden-Weesen

Nach grösseren Schneefällen werden auch die Winterwanderwege sorgfältig geräumt oder «gewalzt», zum Beispiel der Rundweg über Fürlegi.

Bergwelt abseits der Touristenströme

In Amden und im Arvenbüel, die zum Kanton St. Gallen gehören, ticken die Uhren anders: Individualtouristen statt Blechlawinen, urige Bergbauern statt Schickimicki, Sonne statt Nebel. Im Schneeparadies hoch über dem Walensee finden wir auf dem Arvenbüeler Hochplateau eine heile Welt mit gepflegten Chalets, Bergrestaurants, guter Luft und einem herrlichen Panorama. Vor allem wenn es über Nacht frisch geschneit hat, präsentiert sich das Arvenbüel wie aus einem Wintermärchen.

Für Skifahrer und Snowboarder, es sind vorwiegend Familien, die nach Amden kommen, stehen drei Skilifte und zwei Sesselbahnen zur Verfügung. Ansonsten haben sich die Touristiker ganz den Fussgängern verschrieben und unterhalten über 25 Kilometer Winterwanderwege.

Rundweg Fürlegi

Gleich beim Parkplatz bzw. bei der Endstation des Busses entdecken wir im Arvenbüel die ersten Wegweiser für Winterwanderer. Sie sind hellblau und machen uns auf die beiden leichten Rundwege durchs Chaletdörfchen aufmerksam. Der Weg führt über die Leistkammstrasse an den gepflegten Holzhäusern vorbei zur Talstation des Skilifts Leistkamm. Wir gehen noch ein Stück nach

Süden und zweigen rechts vom Strässchen ab, wo der Weg über offenes Gelände nach Fürlegi führt. Von hier lohnt sich ein Abstecher zum Aussichtspunkt Chapf, von wo aus wir den Blick auf den 800 Meter tiefer gelegenen Walensee geniessen. Die leichte Wanderung mit Abstecher auf den Chapf dauert eine gute Stunde.

Arvenbüel – Vordere Höhe – Arvenbüel

Dieser Winterwanderweg führt vom Arvenbüel über Altschen zur abgelegenen Alphütte auf der Vorderen Höhe. Es geht stellenweise steil bergauf, dafür geniessen wir die absolute Ruhe im Wald sowie die traumhaften Ausblicke. Nach dem erfrischenden Marsch können wir uns in der bewirteten Alphütte bei einer heissen Suppe aufwärmen. Die mittelschwere Wanderung dauert rund drei Stunden, es werden 264 Höhenmeter bergauf und bergab überwunden. Auf dem gleichen Weg zurück.

Walau – Hintere Höhe

Man bezeichnet diesen Weg als «sonnigsten Weg in der Region», nur diese Tatsache sollte uns schon überzeugen, diese Wanderung einmal unter die Füsse zu nehmen. Lassen wir uns verlocken, wir werden mit einem herrlichen Blick ins Toggenburg belohnt.

Bezauberndes Arvenbüel – die Chalets passen in die Landschaft, so als ob sie schon immer dagewesen sind.

Amden und Arvenbüel gelten auch als Paradies für Schneeschuhfans.

Während die Kinder in die Skischule gehen, unternehmen wir eine Wanderung zu zweit.

tipp:

Hotel Arvenbüel

Das traditionsreiche, familiär geführte Hotel Arvenbüel*** befindet sich an wunderschöner Lage mitten im Schneeparadies Arvenbüel. Das Ferienhotel bietet sehr grosse, gemütliche Zimmer mit Dusche / WC, Radio, TV, Telefon, Sitzgruppe und Balkon mit einer fantastischen Aussicht auf das umliegende Bergpanorama. Sauna, Solarium, Billard, Tischtennis, Tischfussball und Kinderspielraum gehören ebenfalls zur Ausstattung des Hauses. Im Familienhotel wird «hausgemacht» gross geschrieben. Die Küche freut sich darauf, die Gäste mit feinen Hausspezialitäten

Warum nicht etwas länger bleiben und am Bauerncurling teilnehmen?

zu verwöhnen. Auch für etwas Süsses am Nachmittag zum Kaffee oder Tee ist gesorgt – zum Beispiel ein Stück Zwetschgenkuchen mit Nussmürbeteig.

Hotel Arvenbüel
Familie André und Silvia Rüedi
8873 Amden
Tel. 055 611 60 10
info@arvenbuel.ch
www.arvenbuel.ch

Unterwegs besteht die Möglichkeit, sich auf der Sonnenterrasse beim Restaurant Holzstübli zu verpflegen oder bei der Schneebar oberhalb der Alp Strichboden ein «Cüpli» zu geniessen. Route: Bergstation Sesselbahn Mattstock - Hintere Höhe - auf dem gleichen Weg zurück. Dauer: 2 h. Höhendifferenz: 124 m.

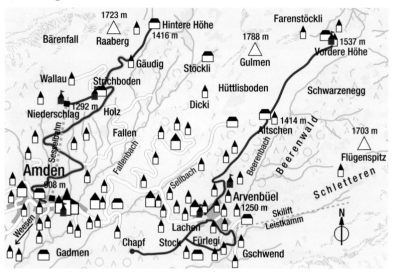

Schneeschuhlaufen

Amden ist in den letzten Jahren zum Geheimtipp unter den Schneeschuhläufern geworden. So finden wir im Arvenbüel mehrere fix ausgeschilderte Schneeschuhrouten. Selbstverständlich können bei Tourismus Amden-Weesen auch geführte Touren gebucht werden.

Bauerncurling

Auf dem Natureisfeld im Arvenbüel können Gruppen ab sechs Personen einen gemütlichen Eisstock-Plausch buchen. Dabei werden sie unter kundiger Anleitung in die Kunst des Eisstockschiessens eingeführt und geniessen anschliessend an der Wärme ein feines Käsefondue.

Auf der Vorderen Höhe können wir uns bei einer warmen Suppe am Panorama laben.

tipp:

Familiäres Wintersportgebiet

Das Skikarussell im Arvenbüel mit zwei Skiliften, einer Sesselbahn und einem Ponylift ist für Familien mit kleinen Kindern wie zugeschnitten. Wer es lieber sportlich mag, dem seien die anspruchsvolleren Pisten am Skilift Bärenfall auf der Mattstockseite empfohlen. Besonders attraktiv sind die Familientageskarten. So fährt eine Familie mit zwei Erwachsenen und drei Kindern für CHF 88.- einen ganzen Tag lang Ski. Für CHF 125.- ist sogar das Mittagessen mit dabei. Besondere Erwähnung verdient

auch die Ski- und Snowboardschule Amden, die über einen guten Ruf verfügt. Für Spass und Spannung sorgt dabei das Maskottchen «Snowli» mit dessen Hilfe die kleinen Gäste spielend Ski- und Snowboardfahren lernen.

Sportbahnen Amden
Tel. 055 611 12 75
Info-Tel. 055 611 18 00
sportbahnen.amden@bluewin.ch
Ski- und Snowboardschule Amden
Tel. 055 611 11 15 / 079 393 14 54
gmuer.schubiger@bluewin.ch

Wir können bis zum Bergrestaurant Monte Mio am Waldrand oder weiter zur Vorderen Höhe aufsteigen.

Diese Birken befinden sich nicht im hohen Norden sondern an der Leistkammstrasse.

Elm im Sernftal

Der Glarner Ferienort Elm, zuhinterst im Sernftal, hat einiges zu bieten. Hauptattraktion ist das Martinsloch – ein natürliches Loch im Fels, wo zweimal im Jahr exakt zur gleichen Zeit die Sonne durchscheint (im Winter am 13./14. März um 8.53 Uhr). Daneben ist Elm aber auch Heimat des Elmer Citros und schliesslich ein Familienferienort mit Skipisten und Wanderwegen.

Elm (977 m ü. M.) liegt in einem tief eingeschnittenen Talboden, eingerahmt von himmelhohen Bergen.

Von Zürich mit dem «Glarner Sprinter» direkt über Ziegelbrücke nach Schwanden, wo wir in den roten Linienbus nach Elm umsteigen.

Verschneite Winterwälder, so weit das Auge reicht, bei der Bergstation Ämpächli.

Auf der A3 Zürich–Chur bis Ausfahrt Niederurnen. Weiter über Glarus bis vor Schwanden, wo wir links nach Elm abzweigen.

Die Winterwanderwege werden auf dem Elmer Ämpächli von ca. Mitte Dezember bis Ende März gepfadet.

Risiboden: 1 h 45 min
Munggä-Hüttä: 2 h 30 min
Rundgang Elm: 30 min

Mitte: Gut beschilderte Winterwanderwege.
Unten: Gondelbahn Elm–Ämpächli.

Bergbeizli Ämpächli und Munggä-Hüttä im Wandergebiet, mehrere Restaurants im Dorf Elm.

www.sbb.ch (Fahrplan)
www.sportbahnenelm.ch
Sportbahnen Elm
Tel. 055 642 60 60

Das Maiensäss-Dörfchen Hengstboden versinkt jeweils von November bis Mai in einem tiefen Winterschlaf.

Ein russischer Feldmarschall in Elm

Elm hat nebst dem Martinsloch und dem Elmer Citro natürlich noch viel mehr zu bieten. Das Dorf ist zum Beispiel auch die Heimat der ehemaligen Skirennfahrerin Vreni Schneider, die heute in Elm ein Sportgeschäft betreibt. In der Schiefertafelfabrik erfahren wir, wie früher aus dem Berg Schieferplatten abgebaut wurden, was schliesslich zur Katastrophe führte, von der sich Elm nur langsam erholt hatte. Und im Suworow-Haus, dem historisch wichtigsten und prächtigsten Gebäude im Dorf, übernachtete im Oktober 1799 der russische Feldmarschall Suworow, als er mit seinem Heer vor den Franzosen über den Panixerpass fliehen musste.

Ämpächli – Hengstboden – Risiboden

Die Talstation der 6er-Gondelbahn Elm–Ämpächli befindet sich etwas ausserhalb des Dorfes und ist mit einer Bushaltestelle gut an den öffentlichen Verkehr angebunden. Ebenfalls stehen ausreichend Parkplätze für die motorisierten Wanderer zur Verfügung. Schlangestehen an den Kassen oder beim Einsteigen in die Gondelbahn muss man in Elm selten bis nie, höchstens vielleicht in der Hochsaison an wunderschönen Weekends. Schon die Fahrt mit der Gondelbahn über die winterlich verschneiten Tannenwipfel ist ein Genuss. Oben angekommen, können wir zunächst im Bergrestau-

tipp:

Sehenswertes Elm

In den Siebzigerjahren des letzten Jahrhunderts wurde Elm und sein intaktes Dorfbild durch den Europarat geehrt und als Dorfbild von nationaler Bedeutung ausgezeichnet. Das Grosshaus, das Zehnterhaus und das aus Stein erbaute Suworowhaus sind stattliche Bauten, die auf eine interessante Geschichte schliessen lassen. Am 5. Oktober 1799 lag auf den Bergen bereits der erste Schnee, als sich entlang des Flüsschens Sernf ein endloser Zug von russischen Soldaten bergaufwärts bewegte. Dem 20 000 Mann zählenden Heer ritt der russi-

Oben: Unterwegs nach Hengstboden.
Mitte: Das historische Suworowhaus in Elm.

Auf Ämpächli gibts mehrere Übernachtungs-möglichkeiten in Gruppen- und Skihäusern.

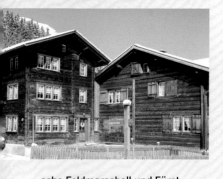

sche Feldmarschall und Fürst Alexander Wassiljewitch Suworow (1730–1800) voran. Während seine Soldaten die Wintervorräte der Elmer plünderten, beschlagnahmte er für sich das beste Haus im Dorf. Heute erinnert der Sernftaler Suworow-Weg und das vorbildlich restaurierte Suworow-Haus an den kurzen und ungeliebten Aufenthalt der Russen in Elm.

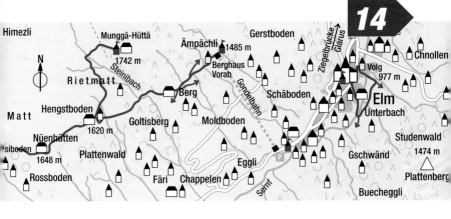

rant aufwärmen, bevor wir zu unserer Wanderung zum Risiboden aufbrechen. Wir nehmen den Weg, der Richtung Norden am Berghaus Vorab vorbei führt. Zunächst gehts geradeaus und leicht bergab bis zur Alphütte Berg. Bei der Kreuzung wenden wir uns nach rechts und beginnen den Aufstieg zur Maiensäss Hengstboden (142 Höhenmeter). Der Weg wird auch nach starken Schneefällen sofort breit mit dem Pistenfahrzeug gepfadet und ist mit Holzwegweisern mit der Aufschrift «Munggä-Hüttä» gut beschildert. Das nur im Sommer von den Elmer Bergbauern bewohnte Dörfchen Hengstboden bietet Hobbyfotografen schönste Postkartenmotive. Wir können dem Weg weiter über die Nüenhütten bis Risiboden folgen, wo wir umkehren und auf dem gleichen Weg zurück nach Ämpächli wandern.

Ämpächli – Hengstboden – Munggä-Hüttä

Beim Maiensäss Hengstboden haben wir die Möglichkeit statt nach Risiboden zur Munggä-Hüttä aufzusteigen. Dieser Weg ist jedoch meist nur ein Trampelpfad und wird nicht so gut wie die erste Etappe bis Hengstboden gepfadet. Er führt durch den Wald nochmals steile 122 Höhenmeter bergauf. Auf der Munggä-Hüttä treffen sich Skifahrer, Snowboarder und Winterwanderer. Zurück nach Hengstboden gelangen wir auf dem gleichen Weg.

Rundgang durch Elm

Es lohnt sich, nach der Wanderung noch einen Rundgang durchs Dorf Elm mit seinen schönen Holzhäusern einzuplanen. Der Weg am Ostufer der Sernf ist bei Unterbach meist nur ein Trampelpfad, die übrigen Strassen sind gepfadet und gut begehbar. Etappenorte sind das Suworowhaus, der Volg-Laden, das Tourismusbüro, die Schiefertafelfabrik und die Kirche mit dem Friedhof.

Braunwald

Hübsche Holzhäuser und Chalets, Pferdeschlitten, Elektromobile, keine Abgase, gesunde Luft und ein herrlicher Blick in die Glarner Alpen. So kann man Braunwald in wenigen Worten beschreiben. Im autofreien Schneeparadies kommt sofort Ferienstimmung auf, egal ob wir nun auf zwei Brettern oder zwei Füssen unterwegs sind.

Braunwald (1254 m ü. M.) finden wir zuhinterst im Glarnerland auf einer sonnigen Panoramaterrasse.

Von Ziegelbrücke (an der Linie Zürich–Chur) mit dem Regionalzug nach Linthal, weiter mit der Standseilbahn nach Braunwald.

Eine Tandem-Gondel führt von Braunwald zur Mittelstation Hüttenberg.

Auf der A3 Zürich–Chur bis Ausfahrt Niederurnen, weiter über Glarus bis Linthal (Parkplatz). Das autofreie Braunwald ist nur mit der Standseilbahn erreichbar.

Die Winterwanderwege werden in Braunwald von ca. Mitte Dezember bis Ende März gepfadet.

Mitte: Blick aus der Gondel ins Winterland. Unten: Verschneites Chalet auf Grotzenbüel.

Grotzenbüel – Braunwald ca. 1 h 30 min; für den Hin- und Rückweg ins Nussbüel benötigen wir ca. 2 h.

Bergrestaurant Grotzenbüel und Beizli Nussbüel. Weitere Restaurants gibts in Braunwald.

www.sbb.ch (Fahrplan)
www.braunwald.ch
Braunwald-Klausenpass
Tourismus AG
Tel. 055 653 65 65

Foto: Donald Cahl

Auf einer Höhe von 1561 m ü. M., dem Ausgangspunkt unserer Wanderung, schneit es oft – so dass auch Wintermärchen wahr werden ...

Kling, Glöckchen klingeling ...

Was gibt es schöneres, als wenn an einem kalten Winterabend das Kaminfeuer im Wohnzimmers des Chalets knistert, wir kurz das Fenster öffnen, es draussen dicke Flocken schneit und ein Pferdeschlitten mit rythmisch klingenden Glöckchen eine neue Spur in den bereits verschneiten Weg zieht.

Was nach einem kitschigen Hollywoodfilm klingt, wird in Braunwald täglich gelebt. Chalets mit Cheminées gibt es mehr als genug, Autos sind unbekannt und Pferdeschlitten beliebte Verkehrsmittel. Also auf nach Braunwald um die letzten romantischen Winterstimmungen hautnah zu erleben. Wenn es nicht gerade dicke Flocken schneit – Braunwald gilt als sehr schneesicher – scheint die Sonne und verzaubert die weissen Hänge in echte Sportparadiese. Jeder findet hier sein Revier um einen schönen Wintertag zu erleben.

Grotzenbüel – Unterstafel – Braunwald

Die Strecke vom Grotzenbüel nach Braunwald lohnt es sich gleich zweimal zu machen: Das erste Mal zu Fuss, um die Landschaft richtig zu geniessen, das zweite Mal mit dem Schlitten, um noch etwas Tempo und Spass in den Alltag zu bringen. Doch alles der Reihe nach. Zunächst spazieren wir von der Bergstation der Standseilbahn am Hotel Alpenblick vorbei zur Talstation der

tipp:

Wie anno dazumal

In Braunwald ticken manche Uhren anders. So schnell mal in die Migros zum Grosseinkauf fahren, geht nicht. Zu mühsam wäre der Transport vom Auto in die Standseilbahn und weiter von der Bergstation ins Chalet. Die «Dorflädelis» freuts, denn sie brauchen keine Konkurrenz vom Grossverteiler zu befürchten. Den Einkauf vom Lädeli ins Haus zu bringen, ist ein anderes Thema. Wen erstaunt's, dass es in Braunwald sogar noch die Hauslieferung gibt – etwas, das wir sonst nur noch von anno dazumal aus Grossmutters Zeiten kennen.

Autos kennt man nicht in Braunwald, Pferdeschlitten sind viel beliebter.

Romantisches Winterwandern wird auch bei jungen Feriengästen immer beliebter.

Wer mit schweren Koffern und Taschen in Braunwald ankommt, braucht ebenfalls nicht besorgt zu sein, alles selbst in die Ferienwohnung oder ins Hotel schleppen zu müssen. Hotels übernehmen den Transport und sonst gibt es immer noch die Elektrotaxis oder Pferdeschlitten. Sie bringen die Feriengäste mit dem Ein- oder Zweispänner sicher und entspannt ins Feriendomizil. Braunwald ist eben anders.

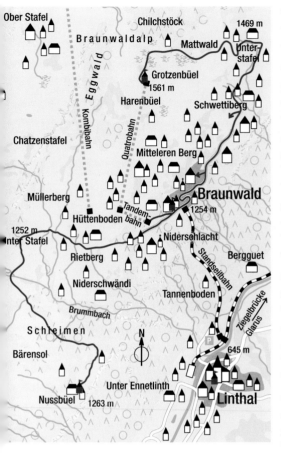

Tandembahn. Bei der Mittelstation Hüttenboden wird in die Quatrobahn umgestiegen, wo gleich vier grosse Gondeln nacheinander ins Grotzenbüel, den Ausgangspunkt unseres Winterwandewegs, hinauffahren. Bei der Bergstation könnten wir auch einen Schlitten mieten. Zunächst gehts leicht bergauf, bis der Weg dann ziemlich eben durch den verschneiten Mattwald weiterführt. Nach wenigen weiteren Schritten öffnet sich uns das Panorama auf die Bergwelt und wir wandern nun über ausgedehnte Schneehänge zunächst zum Alpweiler Unterstafel und später zum Braunwalder Ortsteil Schwettiberg hinunter. Der Weg führt durch eine liebliche Landschaft, vorbei an Chalets direkt nach Braunwald hinunter. Ab und zu braust ein Schlittler an uns vorbei. Wenn der Weg eisig ist, empfehlen sich Eissporen an den Schuhen und Skistöcke.

Braunwald – Nussbüel – Braunwald

Wer es weniger steil bergab mag und die Wanderung vielleicht sogar mit einer romantischen Pferdeschlittenfahrt durch den verschneiten Winterwald verbinden will, macht sich Nussbüel zum Ziel. Zunächst gehts bergab zum Hotel Waldhaus, anschliessend leicht bergauf und schliesslich alles geradeaus durch den Wald bis ins Nussbüel, wo wir nebst einem Hüttenkaffe auch eine Älplerrösti oder eine andere währschafte Mahlzeit bestellen können.

Bäretswil

Die eiskalten Winter mit vielen Zentimetern Schnee sind zwar im Zürcher Oberländer Bäretswil selten geworden. Dennoch kommt es jedes Jahr ein paar Mal vor, dass das Dorf eingeschneit wird. Bei einer meist nebelfreien Lage wird die hügelige Landschaft zum beliebten Naherholungsziel mit zahlreichen Wandermöglichkeiten.

 Bäretswil liegt zwischen Wetzikon/Hinwil und dem Tösstaler Bauma auf rund 700 m ü. M.

 Mit der S5 bis Wetzikon, weiter mit dem Bus 850 oder 851 bis Gemeindehaus oder Bärenplatz.

 A53 bis Autobahnende in Oberuster, weiter über Wetzikon nach Hinwil. Von dort über Ringwil nach Bäretswil. Parkplatz hinter dem Bahnhof.

 Schnee gibts in Bäretswil nur während wenigen Wochen im Winter. Die Wanderwege werden nicht gepfadet.

 Der Rundweg über Bettswil und Hinterburg dauert rund 2 h 30 min, die Alternativroute über Stockrüti ca. 3 h.

 Direkt am Wanderweg liegen die Restaurants Halde in Bettswil und Freihof in Hinterburg.

 www.sbb.ch (Fahrplan)
www.trzo.ch
Tourismusregion Zürcher Oberland
Tel. 044 980 02 16

Am Südhang von Bäretswil gibt es zahlreiche Villen – eine bevorzugte Wohnlage.

Mitte: Eiszapfen in der Aabachschlucht.
Unten: Oft nur Wegspur am Aabach.

Der Sandbüel-Weiher ist Teil eines ausgeklügelten Kleinkraftwerk-Systems, das zur Blütezeit der Industrialisierung erbaut wurde.

Wintersportparadies Bäretswil

Noch vor wenigen Jahrzehnten galt Bäretswil als eines der wichtigsten Winterausflugsziele für die Zürcherinnen und Zürcher. Es gab sogar Extrazüge nach Bäretswil, wo ein kleiner Skilift auf die vielen Sportler wartete. Man war bescheiden und freute sich über die kleine, gepflegte Anlage, die man auch am Nachmittag mit den Kindern noch erreichen konnte. Dieses Skigebiet gibt es immer noch. Nur hat die Schneeknappheit der letzten Jahre den Liftbetreibern zu schaffen gemacht. Dennoch fiebern die Bäretswiler jeweils der neuen Saison entgegen. Nach den ersten Schneefällen im Dezember werden die Bügel montiert – in der Hoffnung, dass dieses Jahr die Schneedecke für einige Skitage ausreicht.

Rundweg Bettswil

Doch nicht nur Skifahrer und Schlittler zieht es nach Bäretswil, auch Wanderer freuen sich über den Neuschnee – und schliesslich lohnt es sich auch hierher zu kommen, wenn die weisse Pracht schon Schnee von gestern ist – denn Bäretswil liegt meist nebelfrei an der Wintersonne. Weil keine Winterwanderwege rund um Bäretswil unterhalten werden, begnügen wir uns mit den kleinen Nebenstrassen, die tagsüber nur selten von Autos benutzt werden. Wir steigen bei der Haltestelle Bärenplatz (Bus 851 nach Adetswil) oder Gemeindehaus (Bus 850 nach Bauma) aus und gehen auf der Hauptstrasse zurück bis zur Verzweigung der Bettswilerstrasse. Unmittelbar nach dem Aabach biegen wir links in den Wanderweg ein. Doch Vorsicht: Nach grösseren Neuschneemengen gibts hier höchstens Fussspuren. Wer auf Nummer Sicher gehen will, nimmt die Höhenstrasse, die etwa 100 Meter weiter südlich ebenfalls nach links abzweigt. Unser Weglein führt dem Aabach entlang bergauf

und am idyllischen SandbüelWeiher vorbei bis zu einer Wegverzweigung. Hier steigen wir, je nach Schnee- verhältnisse, hinauf zum Stöckhof, wo wir auf der Strasse über den Stöck- weiher weiterwan- dern – oder wir queren den Aabach, folgen dem Obis- bächli und treffen bei Bettswil auf die Strasse. Von hier aus gehts auf Hart- belag weiter, d. h. bei winterlichen Verhältnissen sind die Strassen oft

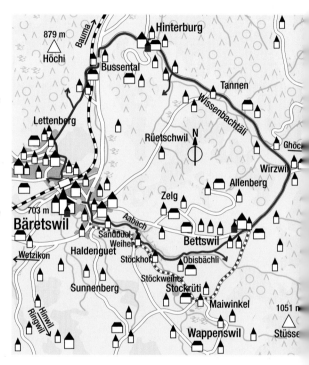

schneebedeckt. Nach Bettswil gelangen wir zum kleinen Weiler Wirzwil, wo wir uns links halten und durch das Wissenbachtäli und Hinterburg zur Haltestelle Bussental wandern. Dabei geniessen wir die Stille und die Weite in dieser so abgeschieden wirkenden Bäretswiler Landschaft. Es lohnt sich beim Pferdegestüt die Strasse zu überqueren und nicht auf den nächsten Bus zu warten. Auf ei- nem Feldweg gehts leicht bergauf zum Lettenberg und anschlies- send über schöne Einfamilienhausquartiere zurück zum Bahnhof Bäretswil. Hier fahren wir nicht mit dem Zug (dieser kommt erst wieder im nächsten Sommer), sondern mit dem Bus zurück nach Wetzikon.

tipp:

Wanderung Ghöch

Alternativ zum Rundweg über Bettswil können wir auch von Bussental, das wir mit dem Bus der Linie 850 (Wetzikon–Bauma) erreichen, über Hinterburg und durchs Wissenbachtäli nach Wirzwil wandern. Hier zweigen wir links in ein enger werdendes Seitental ab und erklimmen auf der meist verschneiten Strasse die Sonnenterrasse von Ghöch, wo uns ein Skilift und ein Ausflugsrestaurant erwartet. Ausserdem geniessen wir ein herrliches Panorama zu den höchsten Zürcher Bergen wie das Hörnli (1133 m ü. M.) oder das

Oben: Winterstimmung bei Bettswil.
Mitte: Weites Hochtal am Wissenbach.

Bei Hinterburg blicken wir über die Hochebene von Neuthal Richtung Norden.

Schnebelhorn (1291 m ü. M.). Von Ghöch aus folgen wir weiter der Strasse über Klein Bäretswil nach Gibswil. Dabei begleitet uns das herrliche Panorama – Höhenzüge, die fast etwas ans ferne Emmental erinnern. In Gibswil steigen wir in den modernen Regionalzug «Thurbo» und fahren über Rapperswil nach Zürich zurück. Die Wanderung über Ghöch dauert rund 2 h 30 min.

Uetliberg

Über Nacht hats geschneit, Freude herrscht bei Kindern. Wir brauchen nicht gleich ins Toggenburg oder ins Bündnerland zu fahren, auf dem Uetliberg herrschen ebenfalls paradiesische Winterverhältnisse mit verschneiten Bäumen, gepfadeten Wegen und vielem mehr. Der ideale Nachmittagsausflug für den frisch verschneiten Wintertag!

Der Uetliberg, 869 m ü. M., ist der Hausberg der Zürcher und gilt als beliebtes Naherholungs-Ausflugsziel.

Mit der S10 direkt vom Bahnhof Zürich (unterirdische Abfahrt) auf den Uetliberg.

Das Auto lassen wir am frisch verschneiten Wintertag am besten zu Hause – oder wir parken in einem Parkhaus Nähe Bahnhof.

Wandern zwischen Sonne und Nebel – die Winterwanderwege auf dem Uetliberg.

Die Uetlibergbahn S10 verkehrt täglich, im Winter werden die Wege nach Schneefällen gepfadet.

Wir können im Winter in zwei Stunden zur Felsenegg wandern oder in rund einer Stunde entlang der Bahn zur Station Uitikon Waldegg absteigen.

Mitte: Die Zugfahrt stimmt uns ein.
Unten: Herrliche Ausblicke von der Albiskette.

Verpflegen können wir uns in den Restaurants Uto Kulm, Uto Staffel und Felsenegg.

SZU, Sihltal Zürich Uetliberg Bahn, Manessestrasse 152
8045 Zürich
Tel. 044 206 45 11
www.szu.ch

Was gibt es Schöneres, als an einem kalten Januarmorgen direkt vom Hauptbahnhof Zürich ins Winterparadies zu fahren? Die Reise dauert nur wenige Minuten!

Eisblumen und Spuren im Schnee

Seit 1875 verbindet die Uetlibergbahn die Stadt Zürich mit ihrem Hausberg. Die Bahnlinie erfreute sich schon in den ersten Jahren grösster Beliebtheit, und dies hat sich bis heute nicht geändert. Inzwischen fährt Familie Zürcher noch immer gern auf den Uetliberg. Der Ausflug hoch über der Stadt lohnt sich aber nicht nur im Sommer, auch im Winter spricht viel für eine kürzere oder längere Visite auf dem Hausberg der Zürcher. Sei es nur, um kurz etwas Sonne zu tanken, wenn die winterliche Nebeldecke auf die Gemüter drückt, oder um nach anhaltenden Schneefällen sich wie im tief verschneiten Norwegen zu fühlen: märchenhafte Wälder, die Weite auf den Hochplateaus, Eisblumen, Spuren im Schnee, unser Atem dampft. Die Nähe der Stadt rückt in weite Ferne.
Die Wege auf dem Uetliberg werden im Winter gepfadet, so zum Beispiel auch die klassische Wanderung über Annaburg, Folenweid und Balderen zur Felsenegg. Willkommen nach der zweistündigen Wanderung ist die Einkehr im Gasthaus Felsenegg, zum Beispiel zu einem wärmenden Fondue, bevor wir mit der Luftseilbahn nach Adliswil und mit der S4 zurück zum Hauptbahnhof fahren. Beliebt ist aber auch die Wanderung vom Uetliberg über Ringlikon und Büel zur Station Uitikon Waldegg, wo bei guten Schneeverhältnissen auch Schlittler unterwegs sind.

Hochstuckli

Das Familienausflugsziel Hochstuckli im Kanton Schwyz bietet Freizeitmöglichkeiten in allen vier Jahreszeiten. Im Winter steht die Region natürlich ganz im Zeichen der Skifahrer und Snowboarder. Aber auch Wanderer sind willkommen, denn der im Sommer beliebte Rundweg um den Engelstock wird auch in den kalten Wintermonaten unterhalten und gepfadet.

 Das Ausflugsziel Hochstuckli liegt auf 1191 m ü. M. hoch über dem Dorf Sattel und dem Ägerisee.

 Vom Bahnhof Sattel-Aegeri (SOB) in 10 min zu Fuss zur Talstation. Direkte Busverbindungen von Zug über Aegeri sowie von Schwyz und Biberbrugg.

 Auf der A3 Zürich–Chur bis Ausfahrt Wollerau, von dort über Biberbrugg nach Sattel. Oder via A4 Zug–Brunnen bis Ausfahrt Arth, weiter über Steinerberg.

 Die Gondelbahn «Stuckli-Rondo» fährt täglich von Mitte Dezember bis März ab 8.30 bis 16.30 Uhr.

 Für den Rundwanderweg benötigen wir je nach Kondition zwischen 1 h 30 min und 2 h.

 Einkehrmöglichkeiten im Berggasthaus Mostelberg, Restaurant Engelstock und Berggasthaus Herrenboden.

 www.sbb.ch (Fahrplan)
www.sattel-hochstuckli.ch
Sattel-Hochstuckli AG
Tel. 041 836 80 88

Die Gondelbahn «Stuckli Rondo» ist die erste drehbare Gondelbahn der Welt.

Mitte: Winterwegweiser auf dem Mostelberg. Unten: Eiszapfen an einem Januarmorgen.

Die im Winter verschneite Moorlandschaft unterhalb vom Mostelberg weckt romanti-sche Sehnsüchte nach der heilen Welt.

Über der Nebeldecke

Im Juli 2005 erlebten die staunenden Besucher im Dorf Sattel am Hochstuckli eine Weltpremiere: Hier wurde die erste drehbare Gondelbahn der Welt eröffnet. Während der Berg- und Talfahrt drehen sich die 8er-Gondeln zweimal um die eigene Achse, so dass man dabei sitzend das herrliche Bergpanorama geniessen kann. Ziel der eindrücklichen Gondelbahnfahrt ist der Mostelberg auf 1191 m ü. M. Wenn über der Zentralschweiz, wie so oft im Winter, eine Nebeldecke auf die Städte und Agglomerationen drückt, ragen Mostelberg und Hochstuckli meist aus der ungeliebten «Suppe» und die Besucher geniessen einen herrlichen Sonnentag. Auch der benachbarte Rossberg und die Rigi recken sich wie Inseln aus dem ausgedehnten Nebelmeer.

Rundwanderung um den Engelstock

Auf dem Mostelberg können wir uns im Bergrestaurant stärken, da wir bis zum nächsten Beizli eine längere «Durststrecke» vor uns haben. Nachdem wir fit für die Wanderung sind, brechen wir Richtung Südwesten auf. Wir wenden uns also gleich nach dem Verlassen des Bergrestaurants nach rechts und kommen schon nach wenigen Schritten an einem Bauernhof vorbei. Mit etwas Glück beobachten wir hier die frei lebenden Kaninchen, die sich

tipp:

Der Hochstuckli im Sommer

Hüpfen, spielen, sich austoben und Spass haben heisst das Hochstuckli-Motto im Sommer. Die Bergstation der Gondelbahn verwandelt sich zwischen Mai und Oktober in ein richtiges Kinderland. Hier hätten selbst Peter Pan und seine Freunde sich wohl gefühlt – sei es nun in der Trampolin- und Hüpfburganlage, wo ein gigantisches Maul eines Wals die kreischenden Kinder verschluckt, oder auf dem «Stuckli-Run», einer Sommerrodelbahn mit Tunneln und Steilwandkurven. Bewegen, bewegen … ist angesagt im Erlebnisparadies mit

Oben: Ski- und Wandergebiet über dem Nebel.
Mitte: Die Skiwiese unterhalb von Mostelberg.

Es gibt genügend gepfadete Wege, so dass niemand seine eigene Spur legen muss.

Plauschgarantie. Und ein lohnendes Wandergebiet mit Wegen in allen Schwierigkeitsstufen bietet der Hochstuckli ebenfalls.
Seinem guten Ruf als erstklassiges Familienausflugsziel wird auch die Talstation des «Stuckli-Rondos» in Sattel gerecht. Im grössten Skaterpark Europas gibts unzählige Ramps, Streets und Pools, eine Kids-Zone und eine eigene Inline-Schule.

meist rasch in einem Loch des Heustalls verstecken. Nach einem kurzen Stück bergab, wenden wir uns nach rechts und erklimmen eine kleine Anhöhe, von wo aus wir einen herrlichen Blick auf den Ägerisee oder das darüberliegende Nebelmeer haben. Der nächste Abschnitt führt stetig abwechselnd bergauf und bergab durch den verschneiten Winterwald – ein richtiger Märchenwald, denn die Sonne, welche zwischen den Tannenwipfeln auf den Weg blinzelt, vermittelt etwas Mystisches. Unterwegs entdecken wir einige Stationen des Erlebnispfades, der vor allem im Sommer bei Familien ein richtiger Hit ist. Falsch gehen können wir nicht, denn es gibt nur den einen Weg. Wald und wunderschöne Ausblicke wechseln sich auf den nun folgenden Wegabschnitten ständig ab. Nach dem abgelegenen Weiler Blüemlisberg erreichen wir die Mostelegg und geniessen den Ausblick auf die beiden spitzigen Mythen – die Matterhörner der Zentralschweiz. Es folgt ein Aufstieg zur Hinteregg, bevor wir alles abwärts spazierend ins Herz des Skigebietes bei Herrenboden gelangen. Von hier bis zum Ausgangspunkt unserer Wanderung ist es nicht mehr weit. Wandern macht hungrig, so können wir uns in zwei Bergrestaurants verpflegen, bevor wir den letzten kleinen Aufstieg zur Gondelbahnstation auf dem Mostelberg in Angriff nehmen.

Stoos Fronalpstock

Mit seinen 1921 m ü. M. ist der Fronalpstock nicht gerade der höchste Berg in der Zentralschweiz. Doch was bedeuten nackte Zahlen im Vergleich zum grossartigen Tiefblick, der sich jedem Fronalpstock-Besucher bietet? Wir erreichen den Gipfel mittels Sesselbahn vom autofreien Ferienort Stoos, der auf einer sonnigen und schneesicheren Sonnenterrasse liegt.

Stoos liegt auf 1300 m ü. M. über dem Muotathal (Kanton Schwyz) und ist nur mit der Bergbahn zu erreichen.

Mit dem InterRegio von Zürich oder Luzern nach Schwyz, weiter mit dem Sportbus bis Schlattli, von dort mit der Standseilbahn nach Stoos.

Auf der A4 bis Ausfahrt Schwyz, von dort der Beschilderung ins Muotathal folgen, Parkplätze bei der Talstation Schlattli.

Die Wintersaison beginnt je nach Schnee Anfang oder Mitte Dezember und endet im April.

Der Rundweg über die Ringstrasse in Stoos dauert 45 min, der Gipfelweg auf dem Fronalpstock 20 min.

Zahlreiche Restaurants im Feriendorf Stoos, auf dem Fronalpstock gibt es ein schönes Gipfelrestaurant.

www.sbb.ch (Fahrplan)
www.stoos.ch
Tourismusbüro Stoos
Tel. 041 811 15 50

Die Standseilbahn, eine der steilsten der Welt, bringt uns von Schlattli nach Stoos.

Mitte: Bergkapelle vor dem grossen Mythen. Unten: Gipfelbesteigung im Winter.

Während der Fahrt mit der Sesselbahn geniessen wir das Panorama hinüber zum Klingenstock und hinunter ins Dörfchen Stoos.

78,14 Prozent und 800 Höhenmeter

Steil und düster erheben sich die Felswände in Schlattli eingangs Muotathal, wo wir auf die Abfahrt der Standseilbahn warten. Ein gewisser Nervenkitzel gehört zu einer Fahrt mit der Stoosbahn, denn ihr Trassee zählt mit 78,14 Prozent Neigung zu den steilsten der Welt. Nur die Ritom-Kraftwerksbahn im Tessin übertrifft diese Leistung noch um fast zehn Prozent.

800 Meter höher erwartet uns in Stoos eine ganz andere Landschaft als in Schlattli: offen, sonnig, zum Wohlfühlen. Der Schwyzer Ferienort auf der Panoramaterrasse ist eine Domaine für Fussgänger, denn Autos haben hier nichts zu suchen. Dafür klingelt der Schlitten eines Pferdegespanns und der Schnee knirscht unter unseren Füssen. Hier werden keine Strassen zu Gunsten der Autofahrer gesalzen.

Rundweg Ringstrasse

Auf dem Stoos angekommen, gehen wir zunächst von der Bergstation der Standseilbahn hinunter zur ersten Verzweigung und wählen hier den Weg rechts, der hinüber zur Bergstation der Luftseilbahn Morschach–Stoos führt. Ganz so weit wollen wir aber nicht, denn wir biegen schon nach 100 Metern links in die Ringstrasse ein, die wenige Meter hinauf zum Wellness Hotel Stoos führt. Von hier aus gehts ziemlich eben weiter in Richtung Stoos-Dörfli. Bevor wir dieses erreichen, geniessen wir aber noch die Aussicht zu den beiden markanten Mythengipfeln, die sich im Nordosten erheben. Wer hätte gewusst, dass sich auf dem felsigen Gipfel des Grossen Mythen ein Berghotel befindet, das nur zu Fuss zu erreichen ist? Wir durchqueren das Dorfzentrum mit dem Mini-Markt und können noch einen Abstecher zur Chaletsiedlung am südlichen Rand von Stoos unternehmen. Die Luftseilbahn Stoos-Fronalpstock fährt im Winter nicht. Deshalb gehen wir weiter, an

der idyllischen Bergkapelle vorbei bis zur Talstation der Sesselbahn. Nach dem Abstecher auf den Fronalpstock, setzen wir unseren Weg auf der Ringstrasse fort. Es bleibt ein kleiner Abstieg, wir kommen an der Bergstation der Luftseilbahn Morschach–Stoos vorbei und erreichen wieder unseren Ausgangspunkt bei der Standseilbahn Schlattli–Stoos.

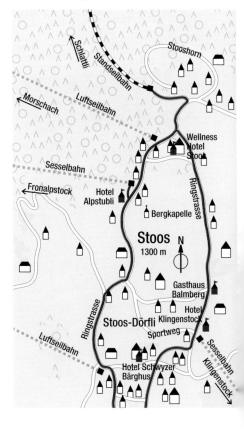

Gipfelweg Fronalpstock

Schon allein die Sesselbahnfahrt von Stoos auf den Fronalpstock (mit Umsteigen bei der Mittelstation) ist ein Genuss. Auch Nichtskifahrer können mitfahren. Oben angekommen, sind wir vom Panorama über den Vierwaldstättersee fasziniert. Alle berühmten Nachbarberge wie die Rigi, der Bürgenstock oder der Pilatus erkennen wir auf den ersten Blick, etwas weiter weg sind der Jura und die weisse Kuppe des Schwarzwalds. Von der Bergstation steigen wir zum Gipfel auf und wandern auf dem gepfadeten Weg über den Grat. Auf dem gleichen Weg gehts zurück zur Bergstation, wo wir uns im heimeligen Chalet-Restaurant noch etwas stärken können.

Oben: Fantastisches Panorama vom Gipfel.
Unten: Frische Spuren im Schnee legen.

Mitte: Pferdeschlitten wie zu Gotthelfs Zeit.
Unten: Romantisches Chaletdorf Stoos.

tipp:

Moderne Architektur

Wegen den fehlenden Autos, der Ruhe und der guten Luft ist der Erholungsfaktor im Feriendorf Stoos grösser als anderswo. Das Dörfli ist zum Verlieben und deshalb kommen wir auch gerne wieder – vielleicht in unseren nächsten Ferien?
Nebst einigen schönen Hotels gibts in Stoos auch zahlreiche Betten in Eigentumswohnungen und Ferienhäusern. In den letzten Jahren hat sich im Bergdörfli überraschenderweise eine moderne Holzarchitektur durchgesetzt – gutes Design statt Chaletkitsch heisst jetzt die

Devise. Wer sich für neue Bergarchitektur interessiert, wird beim Rundgang auf der Ringstrasse einige Studienobjekte finden. Das beginnt schon bei der Bergstation der Standseilbahn, wo mehrere Einfamilienhäuser eher an einen Standort in den kanadischen Rocky Mountains als in einem eher konservativen Schwyzer Bergdörfli erinnern. Die Gäste freuts, denn so fühlen sich auch immer mehr trendige Städter angesprochen.

83

Rigi Kaltbad

Jeweils Anfang oder Mitte November ist es wieder so weit. Die Zentralschweiz mit Luzern, Zug und dem Vierwaldstättersee versinkt unter einer dicken Nebeldecke. «Unten grau, oben blau», lautet der Kommentar der Wetterfrösche. Höchste Zeit in höhere Gefilde zu entfliehen und zum Beispiel auf der Rigi bei einer Winterwanderung etwas Sonne zu tanken.

Rigi Kaltbad, der Ferienort über dem Nebel, liegt auf 1438 m ü. M. auf einer nach Süden exponierten Terrasse.

Nach Arth-Goldau gelangen wir direkt mit dem EuroCity oder InterRegio, von Zug aus auch mit der S2.

Glücklich kann sich schätzen, wer über der Nebelsuppe ein Ferienchalet besitzt.

A4 bis Ausfahrt Goldau. Gleich nach der Ausfahrt rechts in die Chräbelstrasse einbiegen, die zum Parkplatz führt. Rigibahn-Haltestelle «A4» benützen.

Schon ab Mitte November, wenn Schnee auf der Rigi liegt, wird der Weg von Staffel nach Kaltbad gepfadet.

Die Wanderung von Staffel über Kaltbad und First zur Haltestelle First dauert rund 1 h 30 min.

Mitte: Das Rigibähnchen bei Staffelhöhe.
Unten: Auf dem Bärenzingelweg nach First.

Entlang des Weges finden wir zahlreiche Restaurants, allerdings nicht bei der Haltestelle First.

www.sbb.ch (Fahrplan)
www.rigi.ch
www.wvrt.ch
Rigi Tourismus
Tel. 041 397 11 28

Unterhalb der Haltestelle Rigi Staffelhöhe treffen sich Skifahrer und Wanderer zu einem Schwatz – man kennt sich aus der Region unter dem Nebel.

Die Königin der Berge

Als meistbesuchter Aussichtsberg der Schweiz geniesst die Rigi Weltruhm. Der 1797 Meter hohe Eckpfeiler der Voralpen ist von allen Seiten problemlos zu erreichen. So erschliessen verschiedene Bergbahnen das Rigi-Massiv mit seinen fünf Gipfeln Kulm, Schild, Dossen, Scheidegg und Hochflue. Eine so edle Form wie das Matterhorn besitzt die Rigi zwar nicht, ihre Gipfel erreichen nicht einmal die Zweitausendermarke, und auch im bergsteigerischen Sinn hat sie nicht viel zu bieten – dennoch spricht man seit dem 17. Jahrhundert von der «regina montium», der Königin der Berge. In der Tat geniesst man an schönen Tagen, im Winter oft hoch über dem Nebelmeer, eine Rundsicht, die schon so prominente Musiker und Dichter wie Felix Mendelssohn, Mark Twain oder Johann Wolfang von Goethe beeindruckte. So sind es meistens nicht die höchsten Gipfel, deren Panoramen man bestaunt – sondern man geniesst sie von Alpenausläufern, wie die Rigi eine ist.

Staffel – Kaltbad – First

Auch im Winter ist der klassische Abstieg von Rigi-Staffel über Staffelhöhe und Känzeli nach Rigi-Kaltbad möglich. Diesen Weg benutzte schon Johann Wolfang von Goethe, der von den «Herrlichkeiten der Welt» begeistert war. Nachdem wir Rigi-Staffel

von Arth-Goldau aus mit der Zahnradbahn erreicht haben, führt
unser Weg zunächst entlang dem Bahngleis bis zu den ersten
Felsen. Dort überqueren wir die Schienen und setzen unseren
Marsch auf der gegenüberliegenden Seite fort. Der Abschnitt bis
Staffelhöhe liegt im Winter im Schatten, zu unserer Rechten fällt
das Gelände steil, an manchen Stellen sogar lotrecht ab. Ein
Geländer sichert den Weg und wir blicken ins nebelbedeckte
Mittelland. Einige Hügel ragen wie Inseln aus dem Nebelmeer. Auf
Staffelhöhe haben wir zum Glück die Sonne wieder und hier ent-

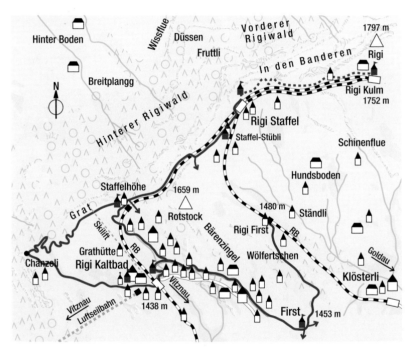

scheiden wir uns, ob wir direkt entlang dem Bahntrassee oder über
den Gratweg und das berühmte Chänzeli ins Rigi-Dörfchen Kaltbad absteigen. Von Kaltbad aus marschieren wir dann weiter über
den oberen Höhenweg, er heisst Bärenzingelweg, an aussichtsreich
gelegenen Chalets vorbei zum Hotel Rigi First. Bevor wir weiter zur
Haltestelle Rigi First wandern, sollten wir uns über die Abfahrtszeit
des nächsten Zuges erkundigen. Wir verbringen die Wartezeit lieber hier in der Sonne als bei der Haltestelle im Schatten. Das Bahnhöfchen Rigi First erreichen wir vom Hotel First aus in rund 20
Minuten.

Oben: *Eine Familienrast mit Weitsicht.*
Unten: *Historische Rigibahn im Einsatz.*

Auf Rigi Staffel gibts einige Ruhebänke mit herrlichem Panoramablick.

tipp:

Hotel Alpina

Rigi Kaltbad auf 1438 m ü. M. ist ein idyllischer Ferienort auf einer Panoramaterrasse, der nur mit der Zahnrad- oder Luftseilbahn erreicht werden kann. Hier lohnt es sich, noch etwas länger zu bleiben – sei es für eine Nacht, für ein Wochenende oder für die nächsten Ferien. Vom Hotel Alpina, das wunderschön am Rigi-Südhang liegt, geniessen wir die Aussicht auf den Vierwaldstättersee und die Zentralschweizer Alpen. Der Besitzer und Gastgeber Leo Camenzind setzt auf gute Küche und das Wohlbefinden seiner Gäste. In den Details liegt das grosse Plus: eine gemütliche

Gaststube mit Blick auf den See oder das Nebelmeer, die Hausbibliothek, Spiele für die Kinder, Internetanschluss. Die Hotelzimmer (insgesamt 17 Betten) sind frisch renoviert, hell und mit zum Ambiente passenden Alpenmöbeln ausgestattet.

Hotel Alpina, 6356 Rigi Kaltbad
Tel. 041 397 11 52
www.alpina-rigi.ch

Eine Passstrasse nur für Fussgänger **21** ▶

Andermatt

Andermatt im Urserental liegt zu Füssen der drei wichtigen Pässe Oberalp, Furka und Gotthard. Aber auch die mächtigen Dreitausender der Bündner, Tessiner und Urner Alpen erfreuen die Herzen der Besucher – und neuerdings auch der Investoren. Mit dem Bau eines gigantischen Resorts des Ägypters Sami Sawiri soll Andermatt in die nächsthöhere Liga aufsteigen.

Auf 1436 m ü. M. liegt Andermatt in einem versteckten Hochtal hinter der Schöllenenschlucht.

Mit dem InterRegio von Luzern oder Zürich bis Göschenen, weiter mit der Matterhorn–Gotthard-Bahn (MGB) bis Andermatt.

A2 Gotthardautobahn bis Ausfahrt Göschenen. Dann die Schöllenenschlucht hinauf bis Andermatt. Wenige Parkplätze beim Bahnhof.

Der Regionalzug der MGB verkehrt auch im Winter stündlich Richtung Oberalppass mit Halt in Nätschen.

Die Wanderung auf der im Winter für Wanderer präparierten Oberalppassstrasse nach Andermatt dauert rund 1 h 30 min.

Verpflegen können wir uns im Bergrestaurant bei der Station Nätschen oder im Dorf Andermatt.

www.sbb.ch (Fahrplan)
www.andermatt.ch
Andermatt Tourismus
Tel. 041 887 14 54

Vom Nätschen blicken wir weit über Andermatt hinaus ins Urserental.

Mitte: Mit der Zahnradbahn zum Ausgangsort. Unten: Verschneiter Dorfkern Andermatt.

Foto: Vally Gahl

Hoch über der Baumgrenze wandern wir auf der im Winter gesperrten Oberalp-Passstrasse in einer fast antarktisch wirkenden Landschaft.

Eldorado für Schlittler und Spaziergänger

Andermatt ist im Hochwinter ausgesprochen kalt, dadurch bleibt der Schnee selbst an sonnigen Tagen oft länger liegen als anderswo. In den letzten Tagen ist die Popularität des Winterwanderns und Schneeschuhlaufens auch in Andermatt stark gestiegen, entsprechend viele Angebote wurden geschaffen.

Nätschen – Andermatt

Am Dorfrand von Andermatt liegt der Bahnhof der Matterhorn-Gotthard-Bahn und die Talstation des Sesselliftes Nätschen. Beide Transportanlagen führen an den Ausgangspunkt unserer Wanderung, den 1842 Meter hoch gelegenen Nätschen. Die im Winter für Autos gesperrte Oberalppassstrasse ist ein Eldorado für Schlittler und Spaziergänger. Auf dem breiten Weg kommen beide problemlos aneinander vorbei. Der Spazierweg ist so breit, flach und bequem angelegt, dass selbst Senioren gern auf den sonnigen Nätschen fahren. In zahlreichen Kehren folgen wir der Oberalpstrasse über Unterer Nätschen, Obergadmen, Mettlen, Butzen und Wiler talwärts bis ins Dorf Andermatt; dabei begegnen wir immer wieder dem Zug, vielleicht sogar dem berühmten Glacier-Express. Eine Reihe weiterer Wanderwege im Urserental werden ebenfalls für die Wintergäste von Andermatt (Infos auf der Website) gepfadet.

Engelberg Brunni

Engelberg ist eine sogenannte Exklave – also ein Gebiet, das vom Rest des Kantons Obwalden geografisch abgetrennt ist. Nach Engelberg gelangen wir nur über den Kanton Nidwalden, genauer gesagt nach einer Fahrt durch das Tal der Engelberger Aa. In der Felsarena des Titlis erwartet uns eine prächtige Berglandschaft mit 49 Kilometern präparierten Winterwanderwegen.

 Engelberg, Klosterdorf und wichtigste Obwaldner Tourismusdestination, liegt auf 1002 m ü. M.

 Von Luzern fährt die schmalspurige Zentralbahn (ZB) in einer Stunde direkt nach Engelberg.

Ein breit angelegter Winterwanderweg führt von Ristis zum Alpweiler Rigidalstaffel.

 Von Luzern auf der A2 Richtung Gotthard bis Stans-Süd. Weiter durchs Tal der Engelberger Aa über Dallenwil und Wolfenschiessen bis Engelberg.

 Die Wintersaison beginnt in Engelberg meistens Mitte Dezember und endet Anfang April.

*Mitte: Relaxen auf Brunni trotz Neuschnee.
Unten: Ob hier der Samichlaus wohnt?*

 Für unsere Wanderung von Ristis zur Brunnihütte (bergauf) benötigen wir 1 h 30 min, abwärts ist es 1 h.

 Eine warme Suppe können wir bei der Brunnihütte, auf der Rigidalalp und im Risits schlürfen.

 www.sbb.ch (Fahrplan)
www.brunni.ch
Luftseilbahn Brunni
Tel. 041 639 60 60

Was gibt es Schöneres als an einem sonnigen Wintertag, warm eingepackt in einen Anorak, durch einen frisch verschneiten Märchenwald zu schlendern.

In der Lüfte Reich

Mit einem Gedicht machte Conrad Ferdinand Meyer (1825–1898) den Innerschweizer Kurort Engelberg weit über die Schweizer Grenzen hinaus bekannt. So klangvolle Verse wie «Gegenüber thronte silberbleich, der Titlis in der Lüfte Reich» waren Musik in den Ohren der gebildeten und vornehmen Leute, die sich im 19. Jahrhundert eine Reise in die Berge leisten konnten. Heute ist Engelberg nicht mehr ausschliesslich in der Hand der gut Betuchten, auch Wanderer fahren gern ins Klosterdorf am Fusse des Titlis. Im Sommer finden sie hier 360 Kilometer markierte Wanderwege, im Winter sind es immerhin noch 49 Kilometer.

Ristis – Brunnihütte

Vom Ausgangspunkt Risitis (1606 m ü. M.), den wir vom Dorfzentrum Engelberg mit einer Luftseilbahn erreichen, gelangen wir in einer Stunde über Ruchweg zur Rigidalstaffel. Hier geniessen wir die Ruhe und den einmaligen Rundblick auf die umliegenden Schneeberge des Engelbergertals. In einer halben Stunde erreichen wir die Brunnihütte, wo wir von der Sonnenterrasse aus die Starts der Gleitschirmflieger beobachten können. Mit der Sesselbahn und Luftseilbahn fahren wir schliesslich über Ristis nach Engelberg hinunter.

Sörenberg

Sörenberg am Fuss des Brienzer Rothorns ist der grösste Wintersportort im Kanton Luzern. Eine Luftseilbahn, eine Gondelbahn, Sesselbahnen und zahlreiche Skilifte sowie viel unberührte Bergnatur erwarten uns im Feriendorf. Wir können mit der Gondelbahn bequem auf die Rossweid, zum Ausgangspunkt unserer Wanderung, fahren.

 Sörenberg (1166 m ü. M.), liegt inmitten der UNESCO-Biosphäre Entlebuch im Kanton Luzern.

 Mit den SBB von Luzern oder Bern bis Schüpfheim. Von dort aus mit dem Postauto nach Sörenberg.

 Auf der A2 bis Ausfahrt Emmen-Süd. Von dort über Wolhusen ins Entlebuch. Nach dem Dorf Schüpfheim Linksabzweigung Richtung Sörenberg beachten.

 Bei genügend Schnee fährt die Gondelbahn von Mitte Dezember bis Anfang April von 8.30 bis 16.30 Uhr.

 Rossweid – Salwideli: 1 h 30 min
Sörenberg Dorf – Schwand: 1 h 20 min

 Die Skihütte Schwand sowie das Berggasthaus Salwideli erwarten die Winterwanderer.

 www.sbb.ch (Fahrplan)
www.soerenberg.ch
Sörenberg Flühli Tourismus
Tel. 041 488 11 85
info@soerenberg.ch

Sörenberg an einem Januarmorgen, nachdem es über Nacht geschneit hat.

*Mitte: Skibar im Zirkuszelt auf der Rossweid.
Unten: Beliebter Wanderweg nach Schwand.*

Foto: Volk, CoLLG, CAMiPa) Sörenberg Flühli

Das Ski- und Snowboardgebiet von Sörenberg ist besonders bei Familien mit Kindern sehr beliebt. Als Wanderer können wir das bunte Treiben auf den Pisten verfolgen.

Ein Ort für Geniesser

Das verschneite Winter-Wunderland Sörenberg mit seinen lieblichen Hängen und lichten Tannenwäldern ist ein Ort, wo man gerne länger bleibt. Sörenberg ist aber kein Kurort der Superlative mit mondänen Bauten und viel Rummel – hierher kommen im Winter wie im Sommer nur Geniesser und vor allem Familien. 5500 Gästebetten, davon 317 in Hotels, lassen bezüglich der Unterkunft keine Wünsche offen. Auch die Infrastruktur stimmt: Langlaufloipen, Natureisfeld, Hallenbad mit Solarium, viele Kilometer Skipisten und Wanderwege. Sörenberg Flühli Tourismus hat einen Winterwanderprospekt herausgegeben, der im Tourismusbüro im Dorfzentrum erhältlich ist.

Rossweid – Salwideli (– Kemmeriboden-Bad)

Mit der Gondelbahn gelangen wir zum Ausgangspunkt unserer Wanderung. Auf der Rossweid (1465 m ü. M.) angekommen, wenden wir uns nach rechts und beginnen die Wanderung mit einem kleinen Aufstieg. Wir spazieren durch stille und verschneite Winterwälder und beobachten zwischendurch immer wieder die Skifahrer und Snowboarder. Dabei queren wir mehrmals vorsichtig die Skipiste. Doch es gibt auch stille Momente im Wald, wo wir eins mit der Natur werden. Im Jahre 2001 erklärte die UNESCO das

tipp:

Hotel Rischli

Das Ferien- und Wellnesshotel Rischli liegt am Dorfeingang von Sörenberg inmitten der UNESCO Biosphäre Entlebuch. Das 1973 erbaute Hotel wurde 2005 renoviert und erweitert. Heute verfügt das Haus über 25 Zimmer, einen stilvoll eingerichteten Wintergarten, eine gemütliche Gaststube, eine grosse Sonnenterrasse und Tagungsräume für bis zu 70 Personen.
Der Wellnessbereich liegt auf der 3. Etage und bietet neben Sauna, Dampfbad, Infrarot-Therme, Erlebnisdusche, Beauty- und Massagebereich eine fantastische

Oben: Frisch verschneite Schrattenfluh.
Mitte: Der Schlitten ist ein beliebter Begleiter.

Sörenberg ist der grösste Wintersportort im Zentralschweizer Kanton Luzern.

Aussicht auf die Berge. Familiäre Gastfreundschaft die von Herzen kommt, kulinarische Höhenflüge aus den Rischli-Kochtöpfen, mit viel Liebe zum Detail eingerichtete Wohlfühl- und Familienzimmer, all das erwartet Sie im

Ferien- und Wellnesshotel Rischli
Familie Kuster-Wicki
6174 Sörenberg
Tel. 041 488 12 40
www.hotel-rischli.ch

ganze Entlebuch zu einem Biosphären-Reservat. Damit sind Landschaften mit aussergewöhnlichen Naturschönheiten gemeint, in welchen eine regional nachhaltige Entwicklung stattfindet. Nach rund eineinhalb Stunden Wanderzeit erreichen wir das Berggasthaus Salwideli auf 1353 m ü. M. Zurück nach Sörenberg gelangen wir mit einem kleinen Bus. Alternativ dazu könnten wir zwischen Rothornkette und Schrattenfluh stetig leicht bergab nach Kemmeriboden-Bad wandern (total ca. 4 h) und von dort aus mit Postauto und Bahn zurück nach Sörenberg fahren. Eine weitere Route führt vom Salwideli dem Winterwanderweg entlang bis zum Hotel Rischli (mit Anschluss an die Postautolinie).

Rundwanderung Glaubenbielenpass

Ausgehend vom Zentrum in Sörenberg wandern wir die Hans-Schallerstrasse hinauf am Hallenbad vorbei bis zum letzten Wohnhaus. Der Weg führt uns immer weiter weg von der Zivilisation. Nach einem eher gemächlichen Beginn folgen zwei steilere Wegstücke, bevor wir das Plateau Schwendeli/Totmoos erreichen. Auf der Panoramastrasse gelangen wir vom Glaubenbielenpass hinunter zum Bödili (bei der Talstation der Rothorn-Luftseilbahn), von wo aus wir der Waldemme zurück nach Sörenberg folgen.

Sörenberg Dorf – Schwand

Unsere dritte Sörenberger Winterwanderung führt uns der Waldemme entlang und über die Alp Flüehüttenboden durch den würzig duftenden Bergwald bergauf bis zur Skihütte Schwand. Hier können wir uns bei einer deftigen Berglersuppe etwas wärmen. Anschliessend spazieren oder schlitteln wir auf dem gleichen Weg zurück ins Tal.

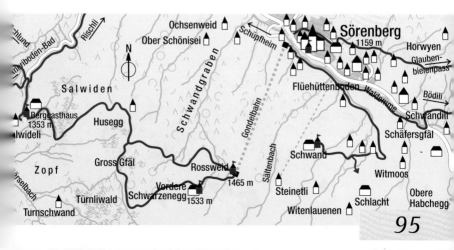

Habkern Hohgant

Habkern, Alp Lombach, Hohgant? Nie gehört! Oder doch? Ein Blick in den Atlas verrät: Habkern liegt in einem versteckten Seitental hoch über Unterseen bei Interlaken. Es ist kein Ort, wo sich Fuchs und Hase gute Nacht sagen, sondern ein beliebtes Ski-, Langlauf- und Wanderziel für all jene, die davon Kenntnis haben.

 Habkern, 1055 m ü. M., liegt an einem sonnigen Südhang ungefähr in der Mitte des Lombachtals.

 Mit dem Intercity bis Interlaken West, weiter mit dem Postauto nach Habkern und mit einem Shuttlebus zur Lombachalp.

 Auf der A8 bis Ausfahrt Interlaken West, über den Bahnhof und Unterseen weiter nach Habkern hinauf (wenig Parkplätze).

 Je nach Schneelage werden die Winterwanderwege von Mitte Dezember bis Mitte März gepfadet.

 Beatenberg – Habkern: 2 h
Habkern – Säge: 1 h 30 min
Lombachalp: 1 h 30 min

 Jägerstübli auf der Lombachalp. Im Dorf: Bären, Sporthotel, Alpenblick und Schürli.

 www.sbb.ch (Fahrplan)
www.habkern.ch
Habkern Tourismus
Tel. 033 843 13 01

Blick aufs Augstmatthorn vom Winterwanderweg Beatenberg–Habkern..

Mitte: Zauberhaftes Hochmoor am Hohgant.
Unten: Dorfkirche Habkern von 1666.

Heimeliges Habkern: Die neuen Häuser dürfen nur noch im traditionellen Chaletstil erbaut werden, damit das Dorfbild intakt bleibt.

Ein sanfter Tourismus

Noch vor 15 Jahren war die Strasse von Interlaken nach Habkern der Schrecken jedes Autofahrers: enge Kurven, schmal, kaum Ausweichstellen und steil abfallende Berghänge. Das ist alles längst Vergangenheit, und deshalb haben auch immer mehr Interlakner die bevorzugte Wohnlage über dem Nebel entdeckt. Der Tourismus hat in Habkern sanft und familienfreundlich Fuss gefasst. Es gibt in der drittgrössten Gemeinde des Kantons einige Kilometer schönste Winterwanderwege – die meisten sind noch immer ein lohnender Geheimtipp.

Beatenberg – Habkern

Bei der Postautohaltestelle Beatenberg-Waldegg zweigt ein Fahrweg von der Strasse ab. Dieser erschliesst die Wohn- und Ferienchalets im Ortsteil Waldegg. Bei der ersten Verzweigung heisst es aufgepasst, denn wir folgen hier den hölzernen Wegweisern, welche die Winterwanderwege markieren. Nach dem Parkplatz beim Skilift Hohwald gehört der autofreie Weg nur noch Spaziergängern und Langläufern. Ein kleiner Anstieg von rund 205 Meter bringt uns bei der wärmenden Wintersonne etwas ins Schwitzen. Der einzigartige Ausblick auf das Dreigestirn mit Eiger, Mönch und Jungfrau entschädigt für die Mühe. Tief unter uns

Hier fühlt man sich sofort zu Hause – Blick übers frisch verschneite Dorf zum 2137 m hohen Augstmatthorn.

liegt an sonnigen Tagen oft eine dicke Nebeldecke – also besser
darüber schwitzen! Haben wir den Wald erreicht, gehts geradeaus
weiter. Parallel zum Wanderweg verläuft die Langlaufloipe, die
man nicht betreten sollte. Auf genau 1408 m ü. M. verzweigt sich
der Weg. Wir wandern talwärts auf dem breiten Pfad zum Hof
Holzflüe. Hier bietet sich dem Auge ein Stück ursprüngliche
Schweizer Heimat mit dem 2137 Meter hohen Augstmatthorn.
Nachdem wir das Gemeindegebiet von Beatenberg verlassen haben, gelangen wir über Bort und Habbach nach Habkern.

Habkern – Säge – Habkern

Von der Endstation des Postautos wandern wir Richtung Norden
und beobachten dabei kurz die Skifahrer und Snowboarder im fa-

milienfreundlichen Habke-
rer Skigebiet, bevor wir
über den Bauernhof Wolf-
bach auf einem praktisch
ebenen Weg ins stille
Traubachtal gelangen. Bei
der Säge können wir noch
ein gutes Stück im Wald
bergauf wandern – je nachdem wie weit der Weg ge-
pfadet wurde. Zurück nach
Habkern gelangen wir auf
dem gleichen Strässchen.

Lombachalp

Der Shuttlebus Habkern –
Lombachalp fährt während
der Wintersaison bei guter
Witterung täglich ab Hab-
kern. Eine Platzreservation
wird unbedingt empfohlen
(Tel. 079 520 34 87). Auf der Lombachalp angekommen, staunen
wir über die grosse Weite des winterlich verschneiten Hochmoors
zu Füssen des Hohgant. Nebst der Langlaufloipe wird hier auch
ein Winterwanderweg durch einsames Bergland gepfadet. Fast
könnte man sich ins ferne Kanada versetzt fühlen, so unberührt
und urtümlich präsentiert sich die Natur auf 1600 m ü. M.

Oben: Früher Wintereinbruch im Oktober.
Mitte: Winterstimmung im Januar.

Eine Wanderung führt vom Dorf hinauf nach Bodmi, wo der Weg aber zu Ende ist.

tipp:

Bergbauern unter sich

In Habkern scheint die Welt noch in Ordnung zu sein. Der Grossteil der Bevölkerung lebt von der Landwirtschaft und kalte Betten sind unbekannt. Im Dorfladen oder im Gasthof Bären treffen sich die Einheimischen zu einem Schwatz und zum neusten Tratsch über die Nachbarn. Zugezogenen begegnen die älteren Semester in Habkern noch immer mit Misstrauen – auch wenn sie nur aus Interlaken stammen, bleiben sie Fremde. Viele ältere Bergbauern sind kaum je weiter als nach Thun gereist und wer nicht mit den Händen etwas

Ordentliches «werkt», tut im Leben wenig Sinnvolles. Die junge Habkerer Generation ist aufgeschlossener. Sie ist schon in durchmischten Klassen (Einheimische, Fremde, ganz wenig Ausländer) aufgewachsen und man ist untereinander befreundet, selbst wenn die Interessen auseinandergehen. Die einen diskutieren eher über Melkmaschinen und Traktoren, die anderen über die Hip-Hop-Szene im nahen Interlaken ...

Bis zur Eröffnung des Lötschberg-Basistunnels rollten praktisch pausenlos die Personen- und Güterzüge auf ihrer Nord-Süd-Achse durch das Berner Oberländer Feriendorf Kandersteg. Inzwischen ist es im heimeligen Dörfli mit seinen hübschen Chalets bedeutend ruhiger geworden, so dass sich die Gäste nun in der Winterlandschaft uneingeschränkt erholen können.

 Kandersteg, 1176 m ü. M., liegt am Fuss einer imposanten Gebirgskulisse zuhinterst im Kandertal.

 Der RegioExpress Bern–Brig verkehrt stündlich und hält auch im Berner Oberländer Ferienort Kandersteg.

 Auf der A6/A8 Bern–Interlaken bis Ausfahrt Spiez. Weiter über Frutigen nach Kandersteg. Parkplätze hinter dem Bahnhof.

 Die Wintersaison in Kandersteg dauert von Weihnachten bis Ostern. In dieser Zeit verkehren auch die Bergbahnen.

 Oeschinensee: 1 h
Höhwald, Risetenegg: 2 h
Gemmipass: 3–4 h
Oeschi-Tour: 1 h 30 min

 Gemütliche Bergrestaurants gibts am Oeschinensee, bei Sunnbühl, Schwarenbach und auf dem Gemmipass.

 www.sbb.ch (Fahrplan)
www.kandersteg.ch
Kandersteg Tourismus
Tel. 033 675 80 80

Kandersteg hat als Wander- und Langlaufdestination einen sehr guten Ruf.

*Mitte: Der Gemmiweg ist im Winter geöffnet.
Unten: Kandersteg wird mit der Bahn erreicht.*

Wer in Kandersteg übernachtet oder sogar Ferien macht, wird die abendlichen Spaziergänge im winterlich beleuchteten Dorf schätzen.

Hochalpin oder Winterwald?

Kandersteg verdankt seine touristische Entwicklung hauptsächlich der grossartigen Hochgebirgslandschaft. Die Lage an der alten Säumerroute über den Gemmipass sorgte aber auch dafür, dass Kandersteg schon früh einen regen Kontakt mit der Aussenwelt pflegte. Heute ist ein sanfter, landschaftsschonender Tourismus zu beobachten. Hier fühlen sich Familien mit Kindern, Skilangläufer und Winterwanderer gut aufgehoben.

Oeschinensee
Bis zur Talstation der Oeschinen-Gondelbahn sind es vom Bahnhof 15 Minuten zu Fuss. In sieben Fahrminuten überwinden wir rund 500 Höhenmeter. Bei der Bergstation Oeschinen beginnt unsere leicht bergab führende, halbstündige Wanderung zum Hotel Oeschinensee. Im Winter sehen wir vom zugefrorenen und mit Schnee bedeckten See leider nichts. Zurück zur Bergstation gelangen wir auf dem gleichen Weg bergauf (ca. 100 Höhenmeter).

Aussichtspunkt Risetenegg
Vom Bahnhof Kandersteg führt ein Weg entlang der Bahnlinie nach Norden. Kurz vor der Kanderbrücke biegen wir vom Weg nach Blausee ab. Nach einem angenehmen, nicht sehr steilen

tipp:

Hotel Ermitage

Nur wenige Ferienorte in den Schweizer Alpen sind so rasch und einfach zu erreichen wie Kandersteg! Das schmucke Bergdorf mit seinen Holzchalets, seiner aktiv gelebten Kultur und der atemberaubenden Naturlandschaft lädt zum Übernachten ein.

Wer sich vom ersten Moment der Ferien oder eines verlängerten Wochenendes in der warmen Atmosphäre eines familiären Hauses herzlich willkommen und wohlfühlen möchte, der ist im Hotel Ermitage am richtigen Ort. Das 3-Sterne-Hotel liegt sehr ruhig am Waldrand

Oben: Wanderparadies auf der Alp Oeschinen.
Mitte: Ein kalter und schneereicher Wandertag.

Die Dorfkirche von Kandersteg, ein beliebter Ort für Hochzeiten.

nur wenige Schritte von der Talstation der Oeschinen-Gondelbahn. Das Ermitage bietet eine gut bürgerliche Küche, die ökologisch gut verträglich ist und hervorragend schmeckt. Die Hoteliers sind bemüht naturnah und nachhaltig zu wirtschaften.

Hotel Ermitage
Familie Bieri, 3718 Kandersteg
Tel. 033 675 80 20
www.ermitage-kandersteg.ch

25

Aufstieg durch den verschneiten Höhwald (150 m Höhenunterschied) stehen wir auf dem Aussichtspunkt Risetenegg und geniessen den Blick über das Dorf Kandersteg zum Bergmassiv der Blümlisalp (3664 m ü. M.). Nach einigen Minuten des stillen Schauens setzen wir unseren Weg fort. Es folgt der kurze Abstieg zurück ins Dorf. Wir verlassen den Höhwald und wandern schliesslich zurück in Richtung Bahnhof.

Gemmipass

Der Wanderweg über den tiefverschneiten Gemmipass verbindet neu auch im Winter Kandersteg im Berner Oberland mit Leukerbad im Wallis. Die Route ist gepfadet und mit guten Wanderschuhen für jedermann in drei bis vier Stunden zu bewältigen. Geniessen wir die lokalen Spezialitäten in den beiden Restaurants bei den Bergstationen und dem Berghotel Schwarenbach auf halber Wegstrecke. Der Weg ist nur bei gutem Wetter begehbar. Vor der hochalpinen Passwanderung müssen wir uns unbedingt über die örtlichen Verhältnisse und die Lawinengefahr erkundigen.

Oeschi-Tour

Ein vielseitiger Rundweg führt bei der evangelischen Kirche vorbei ins Gebiet Wildi. Nach einigen Minuten befinden wir uns bereits inmitten des tiefverschneiten Oeschiwaldes. Nach dem Ausgangspunkt der Schlittelbahn überqueren wir den Oeschibach und spazieren bei der Talstation der Gondelbahn Oeschinensee vorbei. Das Oeschigässli führt uns weiter in Richtung Sprungschanze. Der letzte Teil der Tour führt beim Stauwehr der Kander vorbei und bringt uns schon bald an den Ort zurück, wo wir gestartet sind.

Adelboden

Zuhinterst im Engstligtal lädt das Berner Oberländer Feriendorf Adelboden zu erholsamen und sportlichen Winterferien ein. Über 56 Bergbahnen und 185 Kilometer Skipisten erwarten die Gäste. Auch für Fussgänger ist gesorgt. Ein riesiges Netz an Winterwanderwegen überzieht Adelboden – vom leichten Rundgang im Dorf bis zur alpinen Wandertour.

 Adelboden (1351 m ü. M.) besteht aus mehreren Ortsteilen, die alle touristisch gut erschlossen sind.

 Mit dem Intercity von Bern nach Spiez, weiter mit dem RegionalExpress nach Frutigen und mit dem Bus nach Adelboden.

 Auf der A6/A8 Bern–Interlaken bis Ausfahrt Spiez. Weiter über Frutigen nach Adelboden. Parkplätze unterhalb des Dorfzentrums im Parkhaus.

 Wintersaison ab Mitte Dezember bis Mitte April. Die Wege werden nach Schneefällen gepfadet.

 Wanderung Tschentenalp – Schermtanne 1 h 30 min; zusätzlich 1 h für die Rückkehr zu Fuss ins Dorf.

 Gemütliche Bergrestaurants, wo sich eine Einkehr lohnt, gibts auf der Tschentenalp und in Schermtanne.

 www.sbb.ch (Fahrplan)
www.adelboden.ch
Adelboden Tourismus
Tel. 033 673 80 80

Eine weitere Wanderung: Gondelbahnstation Eselmoos – Fuhre – Adelboden.

Mitte: Die Adelbodner Dorfkirche von 1433.
Unten: Blick aufs Chaletdorf Adelboden.

Nach ergiebigen Schneefällen stellt sich häufig eine Hochdrucklage ein: der ideale Zeitpunkt für eine Winterwanderung in Adelboden.

Idyllisches Chaletdorf

Wer typische Berner Oberländer Postkartenidylle sucht, ist im Adelbodener Chaletdorf goldrichtig. Hier wird die Tradition der stolzen Bergbevölkerung täglich gelebt. Verschneite Strassen, knisternde Kaminfeuer in typischen Berner Oberländer Chalets und Skihüttenatmosphäre – fern vom Alltag wird in Adelboden eine ganz andere Welt in den Bergen zelebriert. Urlaub pur. Der Schnee verwandelt die Region Adelboden-Frutigen jedes Jahr in eine grandiose Winterarena. Für Wanderer bieten sich einige sehr schöne Touren.

Tschentenalp – Schermtanne

Mit der Gondelbahn gelangen wir bequem auf die 1940 m ü. M. gelegene Tschentenalp, Adelbodens Panoramaberg. Von der Terrasse des Bergrestaurants brechen wir zu einer gemütlichen Winterwanderung Richtung Schermtanne auf. Der gut gepflegte Weg führt uns durch stille Wälder, weite Schneefelder und vorbei an malerischen Heuschobern ca. 450 Höhenmeter bergab. Im Restaurant Schermtanne bietet sich eine weitere Möglichkeit, sich kulinarisch verwöhnen zu lassen und dabei die spektakuläre Aussicht auf die Berner Oberländer Bergwelt zu geniessen. Zurück ins Dorf gehts zu Fuss, per Bus oder mittels einer romantischen Pferdeschlittenfahrt.

Lenk im Simmental

Als südlichster Ferienort im Berner Oberland profitiert die Lenk vom Walliser Wetter. Und ausgerechnet auf der gegenüberliegenden Seite des Wildstrubels liegt die sonnenscheinreichste Region der Schweiz. Rund 70 Kilometer gepfadete Spazierwege in reinster Alpenluft – ob in der Höhe oder im Talboden – sorgen für einen abwechslungsreichen Aufenthalt an der Lenk.

 Lenk (1068 m ü. M.) ist die hinterste Gemeinde im Simmental und liegt in einem weiten Talabschluss.

 Wir erreichen Lenk über Spiez und Zweisimmen (zweimal umsteigen) mit den BLS und MOB.

 Auf der A6 Bern–Spiez bis zur Verzweigung Lattigen, von dort weiter durchs Simmental und über Zweisimmen nach Lenk. Gratis-Parkplätze bei den Bergbahnen.

Prächtige Aussicht auf die Obersimmentaler Bergwelt vom Wanderweg Leiterli – Stoss.

 Die Winterwanderwege werden je nach Schneelage von Mitte Dezember bis April gepfadet.

 Leiterli – Stoss: 1 h 15 min
Lenk – Simmenfälle: 1 h 15 min.
Metsch – Lenk: 1 h 30 min

*Mitte: Romantisches Bergkirchli an der Lenk.
Unten: Stattliches Simmentaler Wohnhaus.*

 Berggasthäuser Leiterli, Betelberg, Stoss und Metsch sowie Hotel/Restaurant Simmenfälle.

 www.sbb.ch (Fahrplan)
www.lenk-simmental.ch
Lenk-Simmental Tourismus
Tel. 033 736 35 35

Ein wunderschöner Winterwanderweg führt in 1 h 15 min von der Bergstation Betelberg/Leiterli hinunter zur Mittelstation Stoss.

Engländer entdeckten die Lenk als Winterkurort

Kurz nachdem im Spätherbst die Blätter von den Bäumen gefallen sind, kehrt im Bergdorf Lenk der Winter ein. Millionen von Schneekristallen verwandeln das im Sommer sattgrüne Tal und die umliegenden Hänge in eine Winterlandschaft von grandiosem Zauber. Seitdem einige Engländer, eingerollt in lange Halstücher, die Lenk als Winterkurort entdeckt haben, sind viele Jahre vergangen. Heute hat sich die Lenk mit dem Nachbarort Adelboden verbrüdert und bietet einen Ski- und Snowboardzirkus der Spitzenklasse mit 127 Pistenkilometern und 56 Transportanlagen. Doch nicht jeder ist der Bretter Herr, und was ein moderner Ferienort sein will, muss dem Gast auch etwas anderes bieten können. Das riesige Wanderwegnetz spricht längst nicht mehr nur Senioren an, auch Familien mit Kindern und einem «Davoser»-Schlitten im Schlepptau zieht es auf die Winterwege, vor allem in der Höhe.

Höhenweg Leiterli – Stoss

Ausgangspunkt unserer Panoramawanderung in luftiger Höhe ist die Bergstation der 6er-Gondelbahn auf dem Leiterli. Mit ihr gelangen wir vom Dorfrand in wenigen Minuten über die Mittelstation Stoss auf 1943 m ü. M. Oben angekommen, erwartet uns ein wunderschönes Panorama und eine Stärkung auf der Sonnenterrasse des Bergrestaurants. Auf unserer rund einstündigen Wanderung hinunter zur Mittelstation braucht auch niemand zu verhungern oder zu verdursten, denn unterwegs gibts gleich drei gemütliche Bergrestaurants. Der Ausblick auf den mächtigen Wildstrubel (3243 m ü. M.) und andere Gipfel ist grandios.

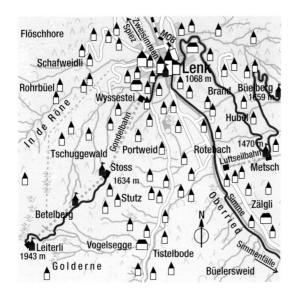

Familien willkommen
Schweizer
Tourismus-Verband

Talwanderung Lenk – Simmenfälle

Dieser ebene Weg führt vom Dorfzentrum der Lenk entlang der Simme über Rotebach zum Hotel Simmenfälle. Der Spaziergang durch den breiten Talboden ist vor allem bei Senioren beliebt, die lieber geradeaus anstatt bergauf oder bergab wandern. Zurück an die Lenk gelangen wir mit dem Ortsbus in wenigen Minuten.

Metsch – Lenk

Von der Talstation der grossen Luftseilbahn schweben wir bis zur Skizirkus-Drehscheibe Metsch auf 1470 m ü. M. Hier bieten sich uns zwei Varianten an: Entweder wandern wir hinauf zum Berghaus Büelberg, von wo aus wir mit dem Bus nach Lenk hinunter fahren können – oder wir nehmen die direkte Route und Talwanderung über Hubel und Brand in Angriff. Bei der Einmündung des Wanderwegs ins Strässchen auf den Büelberg können wir entweder zu Fuss nach Lenk weitergehen, auf den nächsten Bus warten oder mit dem Schlitten ins Tal brausen.

Kälter als anderswo im Berner Oberland, gilt Lenk als relativ schneesicher.

Im Winter verwandelt sich das Dorf in ein weisses Märchenparadies.

tipp:

Schlittelweg Betelberg

Knapp über dem Schnee Tempo erleben. Mit vollem Gewicht in die Kurve liegen. Ein Überholmanöver besser als Michael Schumacher. Platsch, ein Sturz. Schallendes Gelächter und Spass im Schnee. Beim Schlitteln dürfen wir ein Leben lang fröhliche Kinder sein. Der Schlittelweg Betelberg führt von der Bergstation Leiterli parallel zum Winterwanderweg zur Mittelstation Stoss, ist ca 3 km lang und 300 Höhenmeter sorgen für angenehmes Tempo. Der Weg wird täglich mit den Pistenmaschinen präpariert. In zwei kleinen Steilstücken

gilt es ab und zu zu bremsen, über die lange Betelbergebene ist der Schlitten bei weichem Schnee halt auch einmal zu ziehen. Am beliebtesten ist nach wie vor der traditionelle Holzschlitten, der sogenannte «Davoser»-Schlitten, Rennschlitten und ultraschnelle Airboards können an der Bergstation Leiterli gemietet werden. Drei Berghäuser laden zur Pause ein. Für die Gondelfahrt sind Einzelfahrten und faire Tageskarten im Angebot.

Gstaad-Saanen

*Legendär ist die Champagnerluft des Oberengadins, doch auch im Berner
Oberland gibt es mit Gstaad einen Ort, wo sich der internationale Jetset trifft.
Wir schnuppern etwas von der prickelnden Atmosphäre mit Nerz, Kaviar und
Luxusshopping, danach zieht es uns in die Natur und wir geniessen die Stille
der veschneiten Wälder auf einem der zahlreichen Winterwanderwege.*

 Gstaad und Saanen (1010 m
ü. M.) liegen im Hochtal des
Saanenlandes im west-
lichen Berner Oberland.

 Wir erreichen Gstaad über
Spiez und Zweisimmen
(zweimal umsteigen) mit
den BLS und MOB.

 Auf der A6 Bern–Interlaken
bis zur Verzweigung Lattigen, von dort weiter durchs
Simmental und über Zwei-
simmen nach Gstaad.

 Die Wintersaison in Saanen-
Gstaad beginnt kurz vor
Weihnachten und dauert
meistens bis Ende März.

 Eggli – Gstaad: 1 h 30 min
Schönried – Gstaad: 2 h
Wispile: 1 h 15 min
Lauenensee: 1 h 45 min

 Egal ob nobel und rustikal
oder einfach und gemüt-
lich, auf unseren Winter-
wanderwegen haben wir
überall Gelegenheit uns zu
stärken.

 www.sbb.ch (Fahrplan)
www.gstaad.ch
Gstaad Saanenland
Tourismus
Tel. 033 748 81 81

*Winterliches Abendrot über den Bergen von
Saanen – jetzt ist es Zeit für ein Fondue!*

*Mitte: Blick auf das Oberländer Dorf Gstaad.
Unten: Lust auf einen Schneeschuhtrail?*

Stattliche Simmentaler Chalets, viel Schnee und Pferdeschlitten – im Berner Oberländer Gstaad und Saanen stimmen alles Werbeklischees.

Wintermärchen im Winterwunderland

Gstaad und St. Moritz spielen in der obersten Gästeliga. Während die St. Moritzer wenig Sorge zu ihrer Architektur trugen und das Ortsbild kaum sehenswert ist, darf Gstaad punkten. Entlang der autofreien Dorfstrasse reiht sich ein traditionelles Chalet ans andere, so dass man gern von Laden zu Laden flaniert und dabei so manches liebevoll gestaltetes Detail entdeckt.

Nach einer Nacht, in der es dicke Flocken geschneit hat, zieht es so manchen raus ins Winterwunderland. Wenn dann noch die Sonne scheint, ist das Wintermärchen perfekt. Wir müssen nicht gleich in einen dicken, teuren Pelzmantel gehüllt sein, um einen oder mehrere der 30 bestens präparierten Winterwanderwege der Region Gstaad zu erkunden. Auch eine Winterparka oder ein dicker Anorak schützt vor der eisigen Kälte. Die Wege sind mit rosaroten Wegweisern und teilweise auch mit gelben Schneemännertafeln gut markiert, so dass wir leicht unser Ziel erreichen.

Eggli – Gstaad

Mit der Gondelbahn Eggli fahren wir zum Ausgangspunkt unserer Wanderung und geniessen auf 1557 m ü. M. zunächst einmal die wunderschöne Panoramaaussicht. Beim Bergrestaurant gehen wir runter zum Skilift Stand – weiter links folgen wir dem leicht abfal-

tipp:

Ein weisser Schneezug

Mit «White Bull», dem neuen Schneezug von Spiez nach Zweisimmen, reisen Wintersportler in nur 37 Minuten ins Skigebiet von «Gstaad Mountain Rides». Der kreative weisse Stier führt seine Passagiere seit dem 15. Dezember CO_2-neutral und staufrei an die Talstation von 120 Kilometern Pisten. Der «White Bull»-Zug verkehrt samstags und sonntags zwischen Spiez (8.45 Uhr ab) und Zweisimmen (16.36 Uhr ab). Fahrplanstand: 2008.
Mit dem weiss designten Zug beginnt das Wintererlebnis bereits auf

*Oben: Schneeschuhwanderung im Morgenrot.
Mitte: Das historische Mattihuus in Saanen.*

Die steil aufragende Gummfluh ist eines der Wahrzeichen von Gstaad-Saanen.

der Anreise. Der Zug im ansprechenden Schneebullen-Look ist mehr als ein Transportmittel. Im rollenden Barwagen werden die Gäste in lockerer Atmosphäre empfangen und können sich mit Speis und Trank stärken. Filme und Musik stimmen auf das Schnee-Erlebnis ein. Damit nicht genug: Jeder Fahrgast erhält einen exklusiven «White Bull»-Bag mit Verpflegung und nützlichen Angeboten für den Wintertag.

lenden Wanderweg. Dabei sollten wir auf Schlittler achten, die manchmal mehr oder weniger zahlreich den gleichen Weg hinunterbrausen. Wir durchwandern einige kurze Waldstücke bis wir den Talboden erreichen. Von dort aus wählen wir entweder den Weg entlang der Saane oder die Verbindungsstrasse Richtung Gstaad.

Panoramaweg Schönried – Gstaad
Bei Schönried überqueren wir den Bahnübergang. Unmittelbar nach dem Sportgeschäft Frautschi folgen wir rechts dem Strässchen, das zu den Chaletsiedlungen am bevorzugten Südhang führt. Oberhalb von Gruben zweigen wir links in den Panoramaweg und geniessen den herrlichen Blick auf die Berge im Saanen land. Kurz vor Oberbort gehts kurz bergauf, danach entdecken wir mondäne Chalets, die den Schönen und Reichen dieser Welt gehören. Das Strässchen mündet in die Dorfstrasse von Gsaad, von hier aus sind es nur noch wenige Schritte bis zum Bahnhof.

Wispile
Nach einer gemütlichen Fahrt mit der Gondelbahn von Gstaad zur 1911 Meter hoch gelegenen Bergstation Wispile folgen wir dem Weg in Richtung des eindrucksvollen Bergpanoramas geradeaus. Nach einer schönen Höhenwanderung erreichen wir nach rund 40 Minuten den Chrinetritt, dort kehren wir um und wandern den gleichen Weg zurück.

Lauenensee
Ausgangspunkt unserer Wanderung ist die Post im Bergdörfli Lauenen. Wir spazieren vom Dorfzentrum zum Hotel Alpenland. Rechts am Hotel vorbei führt uns ein Strasse bergwärts zum Lauenensee. Vom Lauenensee aus wandern wir auf der anderen Talseite wieder zurück nach Lauenen.

Mürren, der autofreie Berner Oberländer Ferienort, ist Teil der mit Bergbahnen, Skipisten und Wanderwegen erschlossenen Jungfrauregion und gilt als höchste, ständig bewohnte Dorfsiedlung des Kantons Bern. Das intakte Bergdorf mit seinen heimeligen Holzchalets breitet sich auf einer Sonnenterrasse am Rand einer lotrecht abfallenden Felswand aus.

Mürren (1650 m ü. M.) im hinteren Lauterbrunnental ist nur mit der Luftseilbahn zu erreichen.

Von Interlaken Ost mit den Berner Oberland-Bahnen bis Endstation Lauterbrunnen, weiter mit der Luftseilbahn und Mürrenbahn via Grütschalp bis Mürren.

Auf der A6/A8 Bern–Interlaken bis Ausfahrt Wilderswil. Weiter über Zweilütschinen nach Lauterbrunnen. Grosses Parkhaus beim Bahnhof.

Je nach Schneeverhältnissen beginnt die Wintersaison Anfang Dezember und dauert bis Ostern.

Höhenweg Mürren – Grütschalp: 1 h 30 min
Gimmelen: 2 h
Gimmelwald: 1 h

Wir können uns in gemütlichen Ski- und Berghütten verpflegen: Winteregg, Gimmelen, Gimmelwald.

www.sbb.ch (Fahrplan)
www.muerren.ch
Tourist Information Mürren
Tel. 033 856 86 86

In Mürren entdecken wir typische Berner Oberländer Bauernhäuser.

*Mitte: Unser Weg führt uns zur Eisbahn.
Unten: Romantisches Ferienchalet im Wald.*

Foto: Donald Gohl

Die wohl beliebteste Winterwanderroute führt von Mürren über den Höhenweg zur Winteregg. Zurück nach Mürren gelangen wir mit dem Bähnchen.

Weltberühmtes Panorama inklusive

Mürren, eine ehemalige Walsersiedlung, gehört politisch zur Gemeinde Lauterbrunnen und zählt 350 Einwohner. Chalets statt Betonburgen heisst das Motto in Mürren, das sein eigenständiges, unverwechselbares Dorfbild weitgehend bewahrt hat. Faszinierend ist in Mürren aber auch der Ausblick vom Terrassendorf, denn auf der gegenüberliegenden Seite steigt die Wand des Schwarzmönchs imposant empor, und das weltberühmte Panorama von Eiger, Mönch und Jungfrau begleitet den Wanderer auf Schritt und Tritt. In nächster Nähe des Dorfes lassen sich viele einmalige Naturdenkmäler wie der Staubbachfall, die unterirdischen Trümmelbachfälle oder das 360-Grad-Panorama vom Schilthorn bewundern.

Höhenweg Mürren – Grütschalp

Mürren unterhält wie alle namhaften Ferienorte der Schweiz ein ausgedehntes Winterwanderwegnetz. Von Jung und Alt mühelos zu begehen ist der etwa sieben Kilometer lange Weg von Mürren über Winteregg zur Grütschalp (1486 m ü. M.). Praktisch parallel zum Weg verläuft das Trassee der Schmalspurbahn Lauterbrunnen–Mürren (BLM). Von dort aus pendeln drei Triebwagen über die 4274 Meter lange Strecke nach Mürren. Wenn wir Glück haben, verkehrt der original Jugendstilwagen, der zum 100jährigen

tipp:

Alpin Palace Hotel, Mürren

Eiger, Mönch und Jungfrau, das autofreie Dorf hoch über den Felsen des Lauterbrunnentals, viele Wanderwege, ein Ausflug aufs Schilthorn – es gibt viele Gründe, die für eine Übernachtung, ein verlängertes Wochenende oder sogar Ferien in Mürren sprechen.

Das Alpin Palace Hotel erreichen wir in wenigen Minuten zu Fuss vom Bahnhof Mürren aus. Der Blick vom Hotelzimmer in die vergletscherte Bergwelt der Berner Alpen macht den Aufenthalt im Viersternehotel unvergesslich. Die gediegen

Hinter dem Dorf Mürren erhebt sich der Eiger, dazwischen liegt das Lauterbrunnental.

Die aus Holz gebaute protestantische Dorfkirche liegt an einem schmalen Weg.

eingerichteten Hotelzimmer, viele mit Balkon, laden zum gemütlichen Entspannen in der guten Bergluft ein. Der Jugendstilsaal, das Bistro-Café oder die berühmte Ballon-Bar, wo 1924 der legendäre Kandahar-Skiclub gegründet wurde, sind weitere Highlights vom Alpin Palace Hotel.

Alpin Palace Hotel
3825 Mürren
Tel. 033 856 99 99
www.palace-muerren.ch

Jubiläum von 1991 komplett renoviert wurde. Etwa in der Mitte der Strecke liegt die Ausweichstation Winteregg, wo sich nicht nur die Triebwagen kreuzen – im heimeligen Bergrestaurant kehren auch hungrige Skifahrer und Wanderer ein.

Mürren – Gimmelen – Mürren

In Mürren wandern wir zunächst bis an den südlichen Dorfrand zur Station der Schilthornbahn. Ein Wegweiser deutet in Richtung Gimmelen. Auf den ersten Kilometern steht ein kleiner Anstieg von rund 170 Höhenmetern bevor. Wir wandern durch eine weitgehend unberührte Berglandschaft mit Blick ins Sefinental. Auf der gegenüberliegenden Talseite erstreckt sich das Bergpanorama mit Eiger, Mönch und Jungfrau sowie die Bergkette mit Gletscherhorn, Ebnefluh, Mittaghorn, Grosshorn und Gspaltenhorn. Nach einer gemütlichen Wanderung erreichen wir den Weiler Gimmelen, wo wir den Durst und den Hunger im urchigen Bergrestaurant stillen können. Zurück nach Mürren wandern wir auf dem gleichen Weg.

Mürren – Gimmelwald

Nicht aufwärts, sondern abwärts spazieren wir nach Gimmelwald (1363 m ü. M.). Auf diesem breiten und schön angelegten Weg wird auch geschlittelt, denn die Schilthornbahn bringt Fussgänger wie Schlittler mühelos von Gimmelwald nach Mürren und zurück. Im verträumten Dörfchen mit nur einer Hotelunterkunft, auf einer Terrasse zwischen Mürren und dem Lauterbrunnental, lebt noch der echte, bodenständige Schweizer Bergbauer.

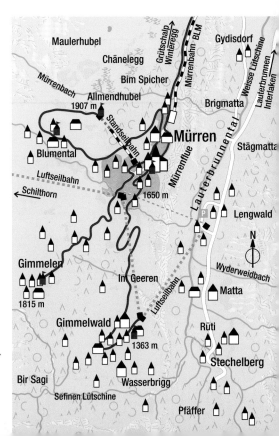

Grindelwald

Selbst bis ins ferne Japan dringt der gute Ruf des Feriendorfes Grindelwald. Unternehmen Asiaten eine Europareise, gehört ein kurzer Besuch im Gletscherdorf meist dazu. Entsprechend empfängt internationales Flair den Gast, wenn er seine Ferienzelte in Grindelwald aufschlägt – japanische Schriftzeichen im Dorf, fernöstliche Ansagen in den Bergbahnen.

Das Gletscherdorf Grindelwald (1034 m ü. M.) liegt im Herzen der Jungfrauregion am Fusse des Eigers.

Mit den Berner Oberland-Bahnen (BOB) fahren wir in 34 Minuten von Interlaken Ost nach Grindelwald.

Auf der A6/A8 Bern–Interlaken bis Ausfahrt Wilderswil. Weiter via Zweilütschinen bis Grindelwald. Parkplätze im Grund oder Parkhaus Nähe Bahnhof.

Die Firstbahn steht von Anfang Dezember bis Anfang April in Betrieb, in dieser Zeit verkehrt auch der Grindelwald-Bus.

Faulhorn: 3 h
Höhenweg Bussalp – Bort: 2 h 30 min
Milibach: 1 h 30 min

Berggasthäuser auf der First, auf dem Faulhorn sowie Rasthysi, Bussalp und Bort.

www.sbb.ch (Fahrplan)
www.grindelwald.ch
Firstbahn AG, Grindelwald
Tel. 033 828 77 11

Mit Postauto und Velogemmel fahren wir auf die Grindelwaldner Bussalp.

*Mitte: Bergwanderung zum Faulhorn.
Unten: Mit der 6er-Gondelbahn bis First.*

Diese tief verschneiten Alphütten liegen am Winterwanderweg Bort – Bussalp. Im Hintegrund grüsst das Wetterhorn.

Kufen statt Räder – und keine Bremsen

Wie wär's auf unsere Wanderung in Grindelwald einen Velogemmel mitzunehmen? Das seltsame Gefährt kann in vielen Sportgeschäften im Dorf gemietet werden. Es sieht aus wie ein Fahrrad, statt Räder gibt es Kufen. Bremsen kennt der Velogemmel keine, denn dazu dienen die Füsse. Und schliesslich gibt es ihn nur in Grindelwald, selbst in den Nachbardörfern ist er unbekannt. Doch das hölzerne Gefährt ist nicht ganz leicht, und so will es gut überlegt sein, bevor wir den Velogemmel auf eine der zahlreichen und wunderschön angelegten Winterwandertouren mitschleppen. Seine grossen Vorzüge beweist er erst, wenn es bergab geht.

First – Faulhorn – Bussalp

Mit einem «Bergpreis» beginnt unser Wanderabenteuer in Grindelwald, denn die anspruchsvolle Tour aufs 2681 Meter hohe Faulhorn gilt als echte Herausforderung. Zwischen der Bergstation der Firstbahn und dem Gipfel müssen immerhin 513 Höhenmeter mit dem Schlitten oder Velogemmel im Schlepptau bewältigt werden. Oben angekommen, winkt eine 15 Kilometer lange Abfahrt über die Bussalp nach Grindelwald – die längste im gesamten Alpenraum! Vorerst muss aber der Aufstieg bewältigt werden. Zwischen einigen steilen Abschnitten bleibt uns immer wieder genügend

Zeit zum Verschnaufen. Dabei dient der Schlitten als mobile
Ruhebank. Der Weg führt leicht ansteigend über Chämmlisegg
zum Bachalpsee. Dort beginnt der etwas anstrengende Aufstieg
über die Burgihütte und Gassenboden zum Hotel Faulhorn. Das
Restaurant auf dem Gipfel ist bei guter Witterung geöffnet.

Höhenweg Bussalp – Bort

Schon beinahe ein Winterwander-Klassiker ist der Weg von der
Bussalp (1800 m ü. M.) nach Bort (1570 m ü. M.). Unverfälschte

Natur, tief verschneite Bergwälder und Postkartenmotive warten
darauf, entdeckt zu werden. Von der Bergwirtschaft Bussalp (zu
erreichen mit dem Grindelwald-Bus) spazieren wir zunächst auf
dem Strässchen talwärts und zweigen bei den Hütten im Holzmat-
tenläger links ab. Der nun folgende Weg gehört ganz den Fussgängern, er führt über Rotmoos, Holewang, Uf Nothalten und Räckhol-
tertor zur Mittelstation Bort der Firstbahn.

Bort – Milibach – Grindelwald

Auf unserer Talwanderung über Rägenmatta und Milibach bleiben
die Eisriesen Wetterhorn, Schreckhorn und Eiger unverrückt im
Blickfeld. Der Weg schlängelt sich zwischen Heustadeln und abgelegenen Gehöften den waldlosen Hang hinunter nach Grindelwald.
Nachdem wir die Strasse erreicht haben, gehts auf dem aussichts-
reichen Terrassenweg mit seinen schmucken Chalets weiter.

Oben: Aufstieg mit Schlitten zum Faulhorn.
Mitte: Am Wanderweg Grindel – Bort.

Der Velogemmel ist ein Freizeitgerät, das man nur in Grindelwald findet.

tipp:

Hotel Schweizerhof

Wenn wir schon mal in der Gegend sind, lohnt es sich, die Wanderung mit einem Ausflug aufs Jungfraujoch zu kombinieren. Allerdings wäre es dann von Vorteil, mindestens eine Nacht in Grindelwald zu verbringen. Warum nicht im 4-Sterne Romantik Hotel Schweizerhof. Es ist ein traditionsreiches, gemütliches Familienhotel in sonniger, ruhiger Lage mit Sonnenterrasse und stilvoll renovierten Zimmern. Auch der Wellnessbereich ist sehr angenehm eingerichtet. Die Gäste können es sich in der Sauna, bei einer Massage oder beim Schwim-

men gut gehen lassen und anschliessend in einem der Restaurants der Leidenschaft zum guten Essen und Trinken in gemütlicher Atmosphäre frönen. Der Schweizerhof bietet romantische und relaxte Entspannung!

Romantik Hotel Schweizerhof
Familie Hauser-Seger
3818 Grindelwald
Tel. 033 854 58 58
www.hotel-schweizerhof.com

Hasliberg und Axalp

Atemberaubend mächtig stehen die imposanten Eisriesen vor dem stahlblauen Himmel Pose. Über die frisch verschneiten Tannen schweift der Blick über den Sonnenbalkon hinaus wie gebannt zu den fast senkrecht aufragenden Felszacken. Dieses Bild bietet sich uns auf dem 40 Kilometer umfassenden Wanderwegnetz von Hasliberg und Axalp im Berner Oberland.

Der Hasliberg (1061 m ü. M.), oberhalb von Meiringen, besteht aus mehreren kleinen Dörfern. Die Axalp (1535 m ü. M.) finden wir oberhalb von Brienz.

Mit dem GoldenPass von Interlaken Ost nach Brienz, weiter mit dem Postauto nach Hasliberg oder Axalp.

Vom Brünigpass Richtung Hasliberg abzweigen. Eine schmale Strasse führt von Brienz auf die Axalp.

Die Bergbahnen Meiringen Hasliberg und die Sportbahnen Axalp verkehren von Dezember bis April.

Käserstatt – Mägisalp: 1 h
Mägisalp – Wasserwendi: 2 h, Bidmi – Reuti: 1 h
Windegg – Axalp: 2 h

Gemütliche Skihütten und Berggasthäuser finden wir sowohl in Hasliberg wie auch auf der Axalp.

Haslital Tourismus
Tel. 033 972 50 50
www.haslital.ch
info@haslital.ch

Mit den gelben 6er-Gondeln fahren wir von Haslilberg-Wasserwendi nach Käserstatt.

*Mitte: Zwischen Bidmi und Wasserwendi.
Unten: Breit planierte Wege auf der Axalp.*

Murmeltiere sehen wir auf dem im Sommer beliebten «Murmeli-Weg» Käserstatt–Mägisalp keine. Sie liegen in ihren Höhlen im tiefen Winterschlaf.

Ein Mekka für Bergfreunde

So majestätische Grössen wie die Felszähne der Engelhörner (2293 m ü. M.), das mächtige Massiv des Wetterhorns (3701 m ü. M.) oder die vom Hasliberg ganz anders wirkende Eigernordwand sind Bilder, die einem Bergfreund in unauslöschlicher Erinnerung bleiben. Trotz den vielen touristischen Anlagen hat der Hasliberg seinen ländlichen Charakter nicht verloren. Nicht alle Feriengäste wollen ihre Spuren an einem prächtigen Wintertag mit messerscharfen Stahlkanten hinterlassen. Das Profil des eigenen Schuhabdrucks hinter sich zu sehen und das Knirschen des nachgebenden Schnees zu hören, ist eine ganz andere Leidenschaft. Die Winterlandschaft des Haslitals bezaubert so manchen Spaziergänger.

Käserstatt – Mägisalp

Unsere erste Wanderung auf dem Hasliberg führt auf die 1840 Meter hoch gelegene Käserstatt. Keine Sorge, der Aufstieg ist mühelos; benutzen wir doch die Gondelbahn, die von Hasliberg-Wasserwendi in wenigen Minuten 663 Höhenmeter überwindet. Nachdem wir die Alp- und Skihütten von Käserstatt hinter uns gelassen haben, wandern wir auf dem sogenannten Murmeliweg (im Sommer können hier viele dieser drolligen Tiere beobachtet werden) in Richtung Mägisalp. Ein kurzer Aufstieg bringt uns in einen stillen, praktisch unberührten Wald. Der breit angelegte Pfad führt in mehreren schwungvollen Kehren talwärts (Höhenunterschied rund 140 Meter). Zielort unserer Wanderung ist die Bergstation der Gondelbahn Hasliberg-Reuti–Mägisalp.

Mägisalp – Wasserwendi

Die Wanderung über den Murmeliweg kann mit dem Abstieg von der Mägisalp über Halmersmad nach Wasserwendi ergänzt werden. Auf diese Weise gelangen wir nach insgesamt zweieinhalb Stunden Wanderzeit zum Ausgangspunkt zurück.

Bidmi – Reuti

Von der Mittelstation der Gondelbahn Hasliberg-Reuti–Mägisalp führt ein Weg durch abgelegene Wälder und Fluren über Schletter ins Tal. Wem der Murmeliweg mit nur einer Stunde Wanderzeit zu kurz erscheint, könnte diesen Weg mit einer weiteren Stunde anschliessen.

Windegg – Chrutmettli – Axalp

Ausgangspunkt unserer Wanderung ist die Bergstation der Sesselbahn Axalp–Windegg. Zunächst gehts hoch über der Baumgrenze auf einem Panoramaweg zur bewirtschafteten Berghütte Chrutmettli. Auf dem zweiten Teil der Wanderung durchstreifen wir die urtümlichen Bergwälder und gelangen nach einem wunderschönen Abstieg zum Wintersportort Axalp. Wer noch nicht genug hat, kann die Wanderung durch den Ort bis zur Bushaltestelle Dotzweg fortsetzen (zusätzlich ca. 45 Minuten).

tipp:

Bezaubernde Axalp

Die Axalp ist eine Lichtung auf einer Höhe von rund 1535 m ü. M. und gehört zur Gemeinde Brienz. Während Jahrhunderten werden die Axalp und die umliegenden Alpen von Brienz aus als Sömmerungsgebiet für das Vieh genutzt. Die Alp Hinterburg ist bereits seit dem Jahr 1275 belegt.
Heute ist die Axalp in der kalten Jahreszeit ein beliebtes Wintersportgebiet für Familien und Naturliebhaber.
Seit einigen Jahren sind auch immer mehr Schneeschuhläufer auf der Axalp anzutreffen, die die un-

Oben: Chaletsiedlung Wasserwendi.
Mitte: Mit den Schneeschuhen auf der Axalp.

In der Nacht war es kalt und der Schnee auf den Bäumen ist zu Eis erstarrt.

berührten und stillen Wälder für sich entdeckt haben. Eine erlebnisreiche Tour führt von der Bushaltestelle «Axalp Sportbahnen» über Gausband zum Hinterburgseeli und via Teiffental zum Endpunkt. Der Bus bringt uns zurück nach Axalp.

Tourist Info Brienz Axalp
Tel. 033 952 80 80
www.haslital.ch / info@haslital.ch

Die aufgeführten Wandervorschläge stellen keine abschliessende Aufzählung dar. Die Destination Haslital bietet noch viele weitere schöne Winterwanderwege.

Obergoms

Oberwald, Obergesteln und Ulrichen heissen die drei ersten Dörfer an der jungen Rhone. Trotz ihrer touristischen Entwicklung haben sie ihre Ursprünglichkeit und ihren herben Walliser Charme behalten. Seit Generationen strahlen die typischen, von der Sonne braun und schwarz gebrannten Holzhäuser Ruhe und Beständigkeit aus.

 Oberwald (1366 m ü. M.), unterhalb des Grimsel- und Furkapasses, ist die oberste Gemeinde im Goms.

 Mit dem InterRegio bis Göschenen, weiter mit der Matterhorn–Gotthard-Bahn (MGB) via Andermatt (umsteigen) nach Oberwald.

 Auf der A2 bis Ausfahrt Göschenen, durch die Schöllenenschlucht nach Andermatt und von Realp mittels Autoverlad durch den Furkatunnel bis Oberwald.

 Das Obergoms gilt als sehr schneesicher, meist liegt von Anfang Dezember bis Mitte April eine meterhohe Schneedecke.

 Unsere leichte Wanderung durchs Obergoms von Geschinen nach Oberwald dauert rund 2 h.

 Verpflegungsmöglichkeiten bestehen nur in den Dörfern Ulrichen, Obergesteln und Oberwald.

 www.sbb.ch (Fahrplan)
www.obergoms.ch
Gästecenter Obergoms
Tel. 027 973 30 40

Bis Bärfel können wir auf der im Winter gesperrten Furka-Passstrasse wandern.

*Mitte: Am Wanderweg Oberwald–Ulrichen.
Unten: Das Obergoms ist sehr schneesicher.*

Meterhoch türmt sich die weisse Pracht auf den Dächern. Oberwald ist ein Mekka für Winterwanderer und Skilangläufer.

Durch die weite Obergommer Landschaft

Unsere Wanderung beginnt an der Station Geschinen, die an der MGB-Bahnstrecke Brig–Oberwald–Andermatt liegt. Es wäre auch möglich, bereits in Niederwald auszusteigen und über Gluringen und Münster nach Geschinen zu wandern (ca. 3 h zusätzlich). Ob wir sogleich auf dem linksufrigen Rhoneweg in nordöstlicher Richtung gegen Ulrichen marschieren – oder zunächst dem Ort Geschinen einen Besuch abstatten? Das kleine Dorf zählt 70 Einwohner und besitzt die sehenswerte St. Sebastian-Kapelle. Nach diesem kurzen Abstecher beginnen wir unsere acht Kilometer lange Wanderung über Ulrichen und Obergesteln nach Oberwald. Wir spazieren bis Ulrichen parallel zur Matterhorn–Gotthard-Bahn. In Ulrichen zweigt im Sommer die Nufenenpassstrasse ab. Wir haben die Ebene von Lische bereits überquert und ziehen nun über die Matte weiter nach Obergesteln. Plötzlich fühlen wir uns nach Italien versetzt, denn die Häuser des Dorfes sind nicht aus Holz gebaut, sondern aus Stein. Sie stehen in Reih und Glied an schnurgeraden Strassen. Zweimal brannte Obergesteln vollständig nieder, nach dem letzten Dorfbrand von 1868 entschieden sich die Bewohner dazu, ihre Häuser aus Stein wieder aufzubauen. Wir überqueren kurz vor dem Dorf die Strasse und wandern etwas die Anhöhe hinauf. Weiter gehts über die Schweitmatte nach Oberwald.

Riederalp Aletsch

Aletsch – das steht für einen der ältesten Bergwälder der Schweiz, den grössten Gletscher der Alpen und eine autofreie Ferienregion mit gesunder Bergluft. Die beiden Dörfer Riederalp und Bettmeralp sowie der Alpweiler Fiescheralp bieten ein zusammenhängendes, für die Winterwanderer attraktives Wegnetz über der Baumgrenze.

 Die Riederalp (1943 m ü. M.) liegt auf einem Hochplateau und ist nur mit der Seilbahn zu erreichen.

 Von Visp bis Mörel mit der Matterhorn–Gotthard-Bahn (MGB), ab hier Luftseilbahn oder Gondelbahn zur Riederalp benützen.

Wahrzeichen der Bettmeralp ist das berühmte Bergkichli auf dem Grat.

 Von Bern via Lötschberg-Autoverlad. Von Zürich/Luzern via Furka-Autoverlad. Parkplatz bei der Talstation in Mörel benützen.

 Wintersaison ab Mitte Dezember bis Mitte April. Die Wege werden nach Schneefällen gepfadet.

 Riederalp – Fiescheralp ca. 3 h 15 min Moosfluh – Riederfurka – Riederalp ca. 2 h 30 min.

Mitte: Hüttenzauber am Wanderweg.
Unten: Luftseilbahn Mörel–Riederalp.

 Villa Cassel auf der Riederfurka, Furri-Hütte, weitere Restaurants auf der Rieder-, Bettmer- und Fiescheralp.

 www.sbb.ch (Fahrplan) www.riederalp.ch Riederalp Mörel Tourismus Tel. 027 928 60 50

Fussgängerparadies Aletsch: Drei Stunden dauert die Wanderung von der Riederalp über die Bettmeralp zur Fiescheralp.

Chalet-Paradies für Romantiker

Das Aletschgebiet mit den Ferienorten Riederalp und Bettmeralp gilt bei vielen als schönste Fussgängerzone der Alpen. Keine stinkenden Blechlawinen auf Parkplatzsuche, keine gesalzenen und matschigen Strassen, keine russgeschwärzten Schneehaufen. Auf fast 2000 Meter Höhe stimmen alle Klischees. Die beiden Bilderbuchdörfer sind Vorzeigestücke in der Fremdenverkehrswerbung von Schweiz Tourismus – im Chalet-Paradies für Romantik fühlen sich die Gäste von der ersten Sekunde an wohl. Und nebst der heimeligen Architektur ist die Natur zweifellos der grösste Trumpf, der diese Ferienregion ihren Gästen zu bieten hat. Im Jahre 2001 wurde die Landschaft mit dem Grossen Aletschgletscher in die Liste des UNESCO-Welterbes aufgenommen.

Riederalp – Bettmeralp – Fiescheralp

Die Zahl der nichtskifahrenden Gäste stieg in den letzten Jahren ständig und damit auch der Wunsch nach mehr Wandermöglichkeiten. Es werden zwar nicht gerade so viele Kilometer Wanderwege wie Pisten angeboten, dennoch ist das Angebot riesig. Zu den beliebtesten Wanderungen gehört der Höhenweg von der Riederalp über die Bettmeralp zur Fiescheralp. Von der Bergstation der Grosskabinenbahn der Riederalp nehmen wir den ebenen Weg

131

tipp:

Wanderparadies

Bei Wintergästen beliebt ist auch der Rundweg Riederalp – Bettmersee – Bettmeralp – Riederalp. Der Wanderweg steigt von der Riederalp rund 125 Höhenmeter bergauf zur Gopplerlücke auf 2050 m ü. M., führt dann teilweise parallel zur Langlaufloipe leicht abwärts bis zum Bettmersee, der im Winter unter einer tiefen Schnee- und Eisdecke liegt. Von der Bettmeralp gehts über die Aletschpromenade zurück zur Riederalp (ca. 2 h). Oder wir fahren mit der Grosskabinenbahn von der Riederalp hinunter nach Greich (1360 m ü. M.).

Oben: Blick aufs Schneedörfchen Riederalp.
Mitte: Das Bergkirchli auf der Riederalp.

Über Nacht ist Schnee gefallen und die Wolken weichen einem sonnigen Wintertag.

Nach einem kurzen Spaziergang durch das stille Dörfchen gehts auf einem breiten Weg quer durch die Schlucht vom Teifen Bach zum idyllischen Flecken Goppisberg (1355 m ü. M.). Am Dorfausgang wählen wir den unteren Weg und erreichen immer leicht absteigend das Dorf Betten (1200 m ü. M.), von wo aus wir unsere Rückfahrt auf die Bettmeralp antreten können. Zuletzt bleibt der Spaziergang über die Aletschpromenade zurück zur Riederalp (ca. 2 h 30 min).

(Aletschpromenade) durch die Greicher- und Goppleralp bis zur Bettmeralp unter die Füsse (ca. 1 h). Dieser Höhenweg ist nachts sogar beleuchtet. Vom östlichen Dorfende auf der Bettmeralp (Hotel Aletsch) wandern wir am Lagerhaus Möriken vorbei und dann rechts neben dem Wurzenbordlift Richtung Wurzenbord. Das Wurzenbord wird rechts umgangen. Danach wendet sich der Weg nach links und wir erreichen die Furri-Hütte. Nach einer willkommenen Stärkung wandern wir weiter auf den sogenannten Herrenweg über die Martisbergeralp nach Fiescheralp. Zurück zur Riederalp gelangen wir via Fiesch und Mörel (Luftseilbahn und MGB).

Moosfluh – Riederfurka

Mit der Gondelbahn fahren wir von der Riederalp auf die Moosfluh, dem Ausgangspunkt zu dieser einmalig schönen Höhenwanderung, die seit einigen Jahren auch im Winter möglich ist. Der Weg verläuft auf dem Grat an der Hohfluh vorbei zur Riederfurka. Faszinierend ist der Blick auf den Aletschgletscher, Herz des UNESCO Welterbes Jungfrau-Aletsch-Bietschhorn und auf die höchsten Viertausender der Walliser Alpen (Weisshorn, Matterhorn und Dom). Auf der Riederfurka lädt nach ca. 1 h 30 min die Sonnenterrasse des Bergbeizlis zum Verweilen ein, oder wir bewundern die Villa Cassel, in der die Ausstellung des Pro Natura Zentrums Aletsch auch im Winter jeweils am Mittwoch von 14.00 bis 16.30 Uhr geöffnet ist. Es bleibt der Abstieg in rund einer halben Stunde zur Riederalp.

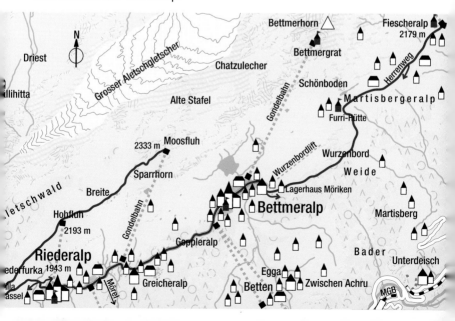

Grächen

Einst Hirtendorf, wo auch Getreide angebaut wurde – heute Tourismusort mit einem Hauch Bergbauernromantik. Grächen hoch über dem Mattertal ist nicht wie Zermatt oder Saas-Fee. Hier begegnen wir noch echten Einheimischen, richtigen Berglern die ihr Vieh versorgen oder Walliserinnen, die sich auf dem Weg zum Einkaufen das Neuste auf der Strasse erzählen.

Grächen liegt auf einer Panoramaterrasse, rund 1620 m ü. M., das innere Dorf ist autofrei.

Mit dem Intercity von Zürich nach Visp, weiter mit der MGB bis St. Niklaus und mit dem Postauto bis Grächen.

Via Bern und Spiez nach Kandersteg, Autoverlad durch den Lötschberg-tunnel, von Goppenstein über Gampel, Visp und St. Niklaus nach Grächen.

Die Wintersaison in Grächen beginnt je nach Schnee Anfang Dezember und endet Mitte April.

Die Wanderung nach Schalbetten dauert hin und zurück 2 h 30 min, der Rundweg Bärgji rund 2 h.

Restaurants Walliserstube in Gasenried sowie Zum See und Bärgji auf dem Rundweg Bärgji.

www.sbb.ch (Fahrplan)
www.graechen.ch
Grächen Tourismus
Tel. 027 955 60 60

Eines der wenigen Steinhäuser ist die Dorfkirche mit ihrem Eingangsgewölbe.

Mitte: Blick aufs winterlich verschneite Dorf. Unten: Nikolaus-Rekord in St. Niklaus.

Die meisten Strassen in Grächen sind autofrei und präsentieren sich im weissen Kleid – ideal für einen schönen Winterwandertag.

Kapellen und Wasserleitungen

Thomas Platter (1499-1582), in Grächen geboren, war in ganz Europa als Humanist bekannt. Als Knabe hütete er in Grächen Ziegen, später zog er aus und liess sich als Rektor einer Lateinschule in Basel nieder. Seinen Kindern hinterliess er vier schöne Häuser in der Stadt Basel und das stattliche Gundeldinger Schloss. Heute ist kein Grächener mehr gezwungen, sein Glück in der Ferne zu suchen. Der Winter- und Sommerferienort bietet sogar Arbeitsplätze für Auswärtige. Auch Winterwanderer kommen in Grächen auf ihre Kosten. Der Tourismusverein präpariert mehrere Kilometer schönste Spazierwege.

Grächen – Schalbetten – Grächen

Praktisch eben führt die Dorfstrasse an der Kirche vorbei südwärts. Wir durchqueren den Weiler Heiminen, geniessen den Blick aufs Rothorn, Schwarzhorn und die heimeligen Chalets entlang der Strasse, die sich in ihrem winterlichen Kleid mit viel Schnee auf den Dächern zeigen. Wir durchqueren den Ausläufer eines Lärchenwaldes und gelangen zu den letzten Häusern von Chäschermatte, wo sich auch eine kleine Kapelle befindet. Weiter gehts durch den Bannji-Wald nach Gasenried, das seit 1870 zur Gemeinde St. Niklaus gehört. Haben wir noch Lust, so wandern wir durch den

Ort bis zur kleinen, 1672 erbauten Gnadenkapelle von Schalbetten. Jedes Jahr findet dort am ersten Wochenende im September eine Prozession statt, bei der die Gläubigen von St. Niklaus, Grächen und Gasenried zur Kapelle wallfahren. Einst bedrängte hier der vorstossende Riedgletscher die lebenswichtigen Wasserleitungen von Grächen; zwei davon verlaufen übrigens parallel zum Weg etwas oberhalb im Wald. Zurück nach Grächen gelangen wir auf dem gleichen Weg, oder wir wählen einen schmalen Pfad entlang den «Wasserleiten», sofern dieser gepfadet wurde. Vielleicht bietet sich zum Abschluss noch ein Besuch im Heimatmuseum an, das ganz in der Nähe des Tourismusbüros liegt.

Rundweg Bärgji

Unsere Tour an den nördlichsten Punkt des winterlichen Wanderwegnetzes führt uns zunächst über die Waldstrasse hinauf durch den Wald, unter der Gondelbahn Seetalhorn hindurch bis zum Weiler Zum See. Hier können wir uns im gleichnamigen Gasthaus stärken. Anschliessend wandern wir weiter bis unterhalb von Äbnet, wo wir links abzweigen und auf dem Flurweg die zweite Gondelbahn zur Hannigalp unterqueren. Auch die Piste wird vorsichtig traversiert. Anschliessend gehts dem Waldrand entlang und später im Wald bis zum Bergrestaurant Bärgji, wo auch Skifahrer und Snowboarder gerne einkehren. Eine Sesselbahn bringt sie von Bärgji zurück zur Hannigalp. Die Rückkehr nach Grächen ist keine Hexerei: Wir folgen einfach der breiten Strasse, auf welcher ab und zu auch Autos verkehren. Schliesslich erreichen wir wieder das Dorf und unseren Ausgangspunkt.

tipp:

Schnöös Kinderparadies

Schnöös Kinderparadies ist einmalig in seiner Art. Schnöö ist der Chef aller Schneemänner und wohnt in Grächen. Genauer gesagt im Kinderparadies mitten im abwechslungsreichen Skigebiet auf der Hannigalp auf 2100 m. ü. M.
In Schnöös Kinder-Wunderwelt mit 4000 m² wird geklettert, Rutschbahn gefahren, der Spuktunnel und das Igludorf erforscht, konstruiert, gebaut … kurz, dem Spielen sind keine Grenzen gesetzt.
Kleine Kinder können ihre ersten Ski-Schritte gefahrlos ausprobieren, denn es gibt ein Ski-Karussell,

einen Kinderlift und abwechslungsreiche Anfängerpisten. Geniessen wir diesen kostenlosen Spielspass mit der ganzen Familie. Wenn es draussen schneit und kalt ist, geht es im beheizten Blockhaus weiter. Integriert im Schnöös Kinderparadies ist auch eine Kindertagesstätte. Die Eltern haben die Möglichkeit, Kinder ab zwei Jahren für acht Franken pro Stunde bei erfahrenen Kinderbetreuerinnen in Obhut zu geben.

Auch moderne Holzarchitektur passt in ein uriges Walliser Dorfbild.

Wie es sich gehört, steht die Kirche in Grächen noch mitten im Dorf.

Saas-Fee und Saastal

Nur wenige Alpentäler sind stolze Besitzer eines Dutzends Viertausender. Zu den Auserwählten gehört das Walliser Saastal, ganze 13 prächtige Himmelsspitzen mit der magischen Höhenzahl können dem Besucher hier vorgewiesen werden. Viertausender sind zwar nicht das alleinige Mass des Gastes Glück, dennoch haftet ihnen etwas Grossartiges an.

Saas-Grund (1562 m ü. M.) liegt im hinteren Saastal, eine Stufe höher finden wir Saas-Fee auf 1806 m ü. M.

Mit dem Intercity von Bern durch den Lötschberg bis Visp, weiter mit dem Postauto nach Saas-Fee.

Von Bern über Kandersteg und den Autoverlad Lötschberg nach Visp. Weiter über den Umfahrungstunnel Richtung Zermatt – nach Stalden ins Saastal abzweigen. Saas-Fee ist autofrei.

Der erste Schnee fällt in Saas-Fee meist schon im November und hält bis April.

Furggstalden: 1 h 30 min
Stausee Mattmark: 5 h
Saas-Almagell – Saas-Balen: 3 h
Hannig: 1 h 30 min

Verpflegungsmöglichkeiten gibts in verschiedenen Bergrestaurants sowie in den vier Saaser Dörfern.

www.sbb.ch (Fahrplan)
www.saas-fee.ch
Saas-Fee/Saastal Tourismus
Tel. 027 958 18 58

Es schneit dicke Flocken in den nächtlichen, autofreien Strassen von Saas-Fee.

*Mitte: Typischer alter Walliser Alpweiler.
Unten: Zu Fuss oder mit dem Schlitten.*

Fotos: Saas-Fee Tourismus (S. 138 oben, Mitte S. 139, S. 140 oben

Saas-Fee ist nicht nur eine Domäne für Skifahrer und Snowboarder. Viele Kilometer gepfadete Winterwanderwege laden zum gemütlichen Naturerlebnis ein.

In Tuchfühlung mit der hochalpinen Welt

Saas-Fee ist ein kompaktes Bergdorf, autofrei, mit hübschen Holzchalets – am liebsten würde man gleich für immer hier bleiben. Obwohl Saas-Fee in einem Talkessel liegt, steht der Gast bereits im Dorf in Tuchfühlung mit der hochalpinen Welt. Von den 28 Gletschern des Feer Einzuggebietes reichen einige beinahe bis an den Dorfrand. Das Fussgängerparadies hat es geschafft, seine Eigenständigkeit zu bewahren. Davon zeugt das intakte Dorfbild mit seinen vielen typischen Walliser Bauten. Die drei kleineren «Schwestern» Saas-Balen, Saas-Grund und Saas-Almagell weiter unten im Saastal versuchen ihrem Vorbild nachzueifern und verfügen ebenfalls über ein beachtliches touristisches Potenzial.

Furggstalden – Saas-Almagell

Das einheitliche Dorfbild mit den alten Walliser Häusern und den heimeligen, mit Holz verkleideten Hotels wecken in Saas-Almagell Heimatgefühle in uns. Nach einem kurzen Dorfrundgang steigen wir in die Sesselbahn und schweben über stille Lärchenwälder zur Alp Furggstalden (1893 m ü. M.). Hier können wir uns im Bergrestaurant aufwärmen, bevor wir uns dem Waldweg anvertrauen, der in zwei grossen, weit ausladenden Schleifen über Zermeiggern nach Saas-Almagell hinunterführt.

tipp:

Flair&Golfhotel Saaserhof

«Die Region Saas-Fee ist die Perle der Alpen», erfahren wir auf der Website. In der Tat: Stolze Viertausender, Gletscher zum Anfassen, stahlblauer Himmel und paradiesische Umgebung machen Lust auf mehr und laden uns ein, im autofreien Dorf länger zu verweilen. Das Flair&Golfhotel Saaserhof befindet sich gleich neben den Pisten und Liften und dem 9-Loch Natur Alpin Golf. Es ist ein familiäres und sportliches 4-Stern-Hotel im Herzen einer imposanten Bergwelt. Die Bauweise im typischen Walliser Stil verspricht gemütliches und gedie-

genes Ambiente. Nebst dem luxuriösen Wellnessbereich können wir uns auch kulinarisch mit gutem Essen oder abends in der Bar bei einem guten Tropfen Wein verwöhnen lassen und einfach den Urlaub geniessen.

Flair&Golfhotel Saaserhof
Familie Bumann
Lehn, 3906 Saas-Fee
Tel. 027 958 98 98
www.saaserhof.ch

Oben: Saas-Fee «by night» bietet einiges.
Mitte: Wanderweg im Saastal bei Saas-Grund.

Die berühmte Rundkirche von Saas-Balen befindet sich eingangs Dorf.

Saas-Almagell – Stausee Mattmark – Saas-Almagell

Etwas Kondition und Ausdauer verlangt die Wanderung von Saas-Almagell zum Stausee Mattmark; gilt es doch auf einem gut präparierten Weg über 500 Höhenmeter zu überwinden. Auch sollten wir das Picknick in den Rucksack packen, denn am Ziel winkt keine warme Suppe in einem gemütlichen Bergrestaurant. Belohnt werden wir jedoch mit einer einzigartigen Hochgebirgslandschaft.

Saas-Almagell – Saas-Grund – Saas-Balen

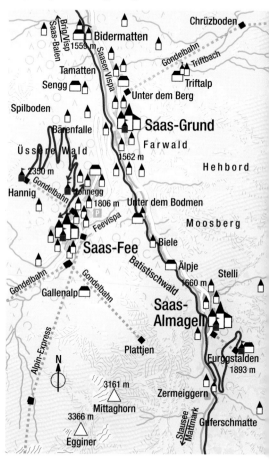

Beim Hotel Portjengrat überqueren wir in Saas-Almagell die Saaser Vispa und spazieren immer auf der linken Uferseite talwärts. Ungefähr nach einer Viertelstunde erreichen wir die kleine Siedlung Älpje mit ihren sonnengebräunten Walliser Häusern. Weiter gehts parallel zur Langlaufloipe und zur Saaser Vispa durch die Weiler Biele und Unter dem Bodmen nach Saas-Grund. Hier ist Halbzeit. Wer mag, kann die Tour über Bidermatten und Birch bis Saas-Balen fortsetzen. Der Weg ist sehr leicht zu begehen und weist kaum einen Höhenunterschied auf.

Hannig – Saas-Fee

Nur für Wanderer und Schlittler ist das mit einer Gondelbahn erschlossene Gebiet der Hannig reserviert. Der Abstieg vom 2350 Meter hohen Aussichtspunkt zurück zur Talstation in Saas-Fee erfolgt über Bärenfalle und das Restaurant Hohnegg.

Zermatt

Wie kein anderer Ferienort steht Zermatt im Banne eines Berges. Ohne das Matterhorn (4477 m ü. M.), diesen weltberühmten Werbeträger, müssten wohl grosse Anstrengungen unternommen werden, um zu den Top-Orten zu zählen. In Zermatt findet der Gast aber auch die höchstgelegene Waldgrenze Europas (2500 m ü. M.) sowie 29 aller 38 Schweizer Viertausender.

 Der Talkessel von Zermatt (1631 m ü. M.) wird auf allen Seiten von himmelhohen Bergen eingerahmt.

 Mit dem Intercity durch den Lötschberg-Basistunnel bis Visp, weiter mit der Matterhorn–Gotthard-Bahn (MGB) bis Zermatt.

Der Gornergrat (3089 m ü. M.) ist auch im Winter ein beliebtes Ausflugsziel.

 Von Bern via Kandersteg und den Autoverlad Lötschberg nach Visp. Weiter über den Umfahrungstunnel Richtung Zermatt. Parkhaus in Täsch, mit dem Shuttlezug nach Zermatt.

 Die Wege im Gebiet der Gornergratbahn werden von Weihnachten bis Ostern präpariert.

Mitte: Winterwandern über der Baumgrenze. Unten: Dorfplatz mit Kirche in Zermatt.

 Rotenboden – Riffelberg: 50 min
Zermatt – Findelbach – Riffelalp: 2 h 15 min

 Berghotel Riffelberg sowie mehrere gemütliche Hüttenbeizlis am Wanderweg Riffelalp.

 www.sbb.ch (Fahrplan)
www.gornergrat.ch
Gornergratbahn, Zermatt
Tel. 027 921 47 11

Warum nicht unsere Winterwanderungen mit einer rassigen Schlittelabfahrt in Zermatt ausklingen lassen?

Winterwandern am Gornergrat

Der mit einer Zahnradbahn von Zermatt aus zu erreichende Gornergrat (3089 m ü. M.) gilt nicht nur als erstklassige Aussichtswarte, hier erwartet die Gäste ohne Ski und Snowboard auch zahlreiche Aktivitäten wie Sonnen im Liegestuhl, Aprésski an der Schneebar – oder wer es lieber aktiver mag: nach Herzenslust Schlitteln und im Schnee wandern. Eine leichte Wanderung bietet sich von Rotenboden (Haltestelle Gornergratbahn) nach Riffelberg an. Die knapp einstündige Tour führt 233 Höhenmeter bergab und kann von jedermann bewältigt werden. Parallel zum Wanderweg machen die Schlittler auf einer abgesperrten Piste so richtig Tempo, bevor sie für die nächste Runde auf den Zahnradbahnzug in Riffelberg warten.

Lieber bergauf als bergab wandern wir zwischen Zermatt und Riffelberg. Mancherorts ist der Weg steil, wobei es durch die täglichen Temperaturschwankungen auch zu Vereisungen kommen kann. Gutes Schuhwerk mit Gleitschutz und etwas Kondition ist erforderlich. Es gilt zwischen Zermatt und der 2211 m ü. M. gelegenen Riffelalp immerhin 580 Höhenmeter zu überwinden. Der Aufstieg hält fit (ggf. vorher den Arzt konsultieren) und die gesunde Bergluft ist frei von Autoabgasen. Zurück ins Tal gelangen wir nach erreichtem Ziel mit der Gornergratbahn.

CIP-Einheitsaufnahme
WanderSpass im Winter-Wunderland:
Unterwegs auf gepfadeten Wegen/
Phillipe Cruz – 1. Auflage
Bäretswil: Edition Lan AG, 2008
ISBN 978-3-906691-37-4
NE: Phillipe Cruz

Die Ratschläge, Bilder und Routenvorschläge in diesem Buch sind
vom Autor und Verlag sorgfältig erwogen und geprüft worden, dennoch kann eine Garantie nicht übernommen werden. Das Reisen und
Wandern nach diesen Vorschlägen erfolgt auf eigene Gefahr. Eine
Haftung des Autors bzw. des Verlages und seiner Beauftragten für
Personen-, Sach- und Vermögensschäden aller Art, die aus den im Buch
gemachten Hinweisen resultieren, ist ausgeschlossen.

ISBN 978-3-906691-37-4
© 2008 by Edition Lan AG
CH-8344 Bäretswil
www.editionlan.ch
1. Auflage 2008

Foto Umschlag: Ronald Gohl
Kartografie: Sämi Spörri, Phillipe Cruz